ÜBER DIESES BUCH

Eine neue Dimension des Pendelns – hier steht nicht das Auspendeln von Entscheidungsfragen, sondern das meditative Einfühlen in Fragestellungen der persönlichen und spirituellen Entwicklung im Vordergrund.

Die in zarten Farben gemalten Meditationsbilder dienen als Fond für die meditativen Pendelkreise zu Fragen wie: Was fühle ich? – Was hilft mir und anderen? – Welcher Bereich meines Lebens braucht jetzt meine volle Aufmerksamkeit? – Was soll ich jetzt lernen? – Was kann ich für meine spirituelle Entwicklung tun? – Wo liegen meine größten Zukunftschancen?

Eingebettet sind diese Übungen in liebevolle Betrachtungen über die Einheit unseres Seins.

ÜBER DIE AUTORIN

Iveta Sloboda (wirklicher Name: Iveta Slobodníková) ist Dipl.-Ing. der Chemie und viele Jahre lang war sie als Beraterin und Managerin in der chemischen Industrie tätig. Seit ihrer Kindheit gilt ihr Interesse der Malerei. Dieses künstlerische Streben vervollständigte sie später während eines Studiums an der Akademie der bildenden Künste in Bratislava. Ihre Bilder wurden in vielen Ausstellungen, u. a. in der Slowakischen Nationalgalerie auf Schloß Zvolen gezeigt.

Ihre besondere Sensitivität für die allumfassenden Energien hat sie genutzt, um eine einzigartige, ursprüngliche Malmethode zu entwickeln. Diese Methode dient der Entfaltung der künstlerischen Kreativität eines jeden Menschen.

Ihr Buch bietet einen außergewöhnlichen Einblick in die Welt, die auf ihren persönlichen Erfahrungen als Dozentin und als ganzheitliche Lebensratgeberin basiert. Sie hilft Menschen, den Weg in ein erfülltes und gleichzeitig glückliches Leben zu finden.

Iveta Sloboda lebt mit ihrer Familie in Bratislava in der Slowakei.

IVETA SLOBODA

MEDITATIVES PENDELN

Sieben Schritte zum Glück

KÖNIGSFURT–URANIA

Bibliographische Information der Deutschen Nationalbibliothek
Die Deutsche Nationalbibliothek verzeichnet diese Publikation in der Deutschen Nationalbibliographie;
detaillierte bibliographische Daten sind im Internet über http://dnb.d-nb.de abrufbar.

Deutsche Erstausgabe
Krummwisch bei Kiel 2008

© 2008 by Königsfurt-Urania Verlag GmbH
Titel der Originalausgabe: Sedem krokov k šťastiu, Bratislava 2004
D-24796 Krummwisch
www.koenigsfurt-urania.com

Umschlagbild: Iveta Sloboda
Umschlaggestaltung: Stefan Hose, Götheby-Holm

Illustrationen: © Iveta Sloboda
Redaktion: Ines Lühr, Jennifer Lorenzen-Peth
Satz und Layout: Antje Betken, Oldenbüttel
Druck und Bindung: Uniprint
Printed in EU

ISBN 978-3-89875-913-7

Inhalt

Ich widme dieses Buch jedem, der nach Wahrheit und Liebe strebt,
denjenigen, die diese Welt mit Licht erfüllen,
und all denen, die auf der Suche sind.

Liebe Leserin, lieber Leser,

Sie halten ein ganz besonderes Buch in Händen: eine kurz gefasste Geschichte des Lebens, die letztlich jeder für sich selbst schreibt. Wenn Sie den Darlegungen folgen möchten, werden Sie Schritt für Schritt und behutsam zur Selbst-Erkenntnis geführt, zur Suche nach dem höheren Sinn im Leben, zur Freude oder zumindest zu jener bedeutungsvollen Tiefenentspannung, die voller Wunder steckt. Unser Schicksal liegt in unseren Händen. Der Mensch hat einen besonderen Stellenwert in diesem Kosmos, denn er entscheidet selbst über die große Kraft, die er von der Schöpfung erhalten hat. Durch all unsere Leben lernen wir, wer wir wirklich sind und wie wir diese Kraft am besten nutzen können.

So soll denn dieses Buch ein Beitrag zu einem glücklicheren Leben auf dieser Erde sein.

Herzliche Grüße
Iveta Sloboda

Einführung

S IEBEN SCHRITTE ZUM GLÜCK möchte Sie in das „große Spiel", in das Spiel mit unseren universellen Möglichkeiten einführen und Ihnen ein besseres Verständnis dafür vermitteln, wer wir sind und wie wir den Kontakt zu unseren wirklichen Wünschen intensivieren können, um glücklicher im Einklang mit der Kraft des Universums zu leben.

Im Zentrum dieses Buches stehen sieben Pendelkreise (ab Seite 14/15), die – immer wieder neu – auf Ihre Fragen antworten.

Die Arbeit mit diesem Buch wird es Ihnen ermöglichen, sich tief zu entspannen und dabei auch innere Fragen zu beantworten.

Sie brauchen dafür ein kleines Pendel, ersatzweise auch etwas wie einen Ring oder einen Anhänger an einer Kette. Nehmen Sie das Pendel mit der rechten Hand und benutzen Sie die Abbildungen auf den folgenden Seiten. Berühren Sie sanft den Mittelpunkt des Pendelkreises und heben Sie das Pendel langsam circa einen Zentimeter hoch, während Sie sich innerlich auf Ihre Frage einstellen. Vertrauen Sie Ihren Gefühlen – Sie stellen gerade eine Verbindung mit Ihrem Unterbewusstsein, Ihrem „höheren Ich" oder der höheren Weisheit her. Warten Sie ein wenig, bis das Pendel auszuschlagen beginnt. Die Richtung, zu der es am meisten schwingt, zeigt Ihnen Ihre Antwort. Wenn das Pendel ausnahmsweise zu beiden Seiten gleichmäßig ausschlägt, bedeutet dies, dass zweierlei Antworten für Sie gleich wichtig und richtig sind.

Dieses Buch beinhaltet auch zwei leere Pendelkreise. Sie dürfen fantasievoll angewandt werden zur Entdeckung der eigenen inneren Welt sowie als Hilfsmittel zu persönlichen Fragen und Problemen, bei denen Sie noch unschlüssig sind. Das Pendel wird Ihnen die wahren Antworten zeigen.

Wenn Sie Ihre momentane emotionale Situation erforschen möchten, kann dieses Buch für Sie auch ein Wegbegleiter durch den ganzen Tag werden. Außerdem können Sie sich beim Pendeln auf eine Ihnen nahestehende Person konzentrieren und so durch das Pendeln erfahren, wie es ihr geht. Sobald Sie anfangen, auf Ihre inneren Gefühle zu hören, werden Sie auch zunehmend Glück und Zufriedenheit in Ihrem Leben empfinden.

In diesem Buch sind neben den Pendelkreisen auch die Vorträge meines Seminars „DER BLAUE PLANET" enthalten, vorgetragen in der *Gesellschaft für Integrale Erziehung* in Bratislava/Slowakei zwischen 1999 und 2003, und außerdem einige meiner Gemälde, die harmonisierend wirken. Diese können Ihnen dabei helfen, in die Geheimnisse des Kosmos und in die Wunder unseres Lebens auf Erden einzutauchen.

Ich wünsche Ihnen mit diesem Buch wunderbare Momente auf dem Weg ins Abenteuer der Selbstfindung.

Iveta Sloboda

SIEBEN SCHRITTE ZUM GLÜCK –
Spiel des Universums

Die Geheimnisse des Universums beschäftigen seit Menschengedenken das Bewusstsein aller Menschen. *Wer bin ich, wohin gehe ich, was ist meine Aufgabe auf Erden, sind wir im Universum allein, was ist der Sinn des menschlichen Daseins?* Diese Fragen sind so alt wie die Menschheit selbst.

Noch immer sind Wissenschaftler auf der Suche nach außerirdischen Kulturen. Einige Theorien besagen, dass Außerirdische vielleicht so groß oder klein sind, dass wir nicht in der Lage sind, sie wahrzunehmen. Obwohl die Menschheit auf der Erde über Jahrmillionen lebt, weiß sie nach wie vor nicht, wie das Universum entstanden ist, warum sich die Entwicklung unseres Sternensystems beschleunigt (Albert Einstein, 1879 1955) und wohin alles führen wird.

Das Weltall und das Leben jedes Menschen kann nicht durch den Verstand analysiert, zerlegt und hinterher wissenschaftlich erklärt werden. Jeder große Wissenschaftler stieß am Ende an jene Grenze, die Wissenschaft und Religion miteinander verknüpft und letztlich das Geheimnis des Lebens darstellt. Viele spirituelle Sachverhalte sind schließlich auch wissenschaftlich nachgewiesen worden, wie beispielsweise die Energie der Seele als elektromagnetisches Kraftfeld und die Gedankenübertragung, vor kurzem bei der Entwicklung von neuen Rechnerarten getestet, ebenso die Existenz anderer noch unerklärbarer Erscheinungen.

Die Wissenschaft ist den Erfahrungsschätzen des Menschen lange hinterher gelaufen. Das Universum und jeder Mensch wurde als ein zusammenhängendes Ganzes erschaffen. Alles darin hat eine Verbindung mit allem. Um die Wahrheit zu erfassen, die Vielfalt in der Einheit und die Einheit in der Vielfalt, brauchen wir eine bessere Wahrnehmung, nicht nur allgemein und wissenschaftlich, sondern auch auf die persönliche Erfahrung bezogen und spirituell.

Gottes Schöpfung ist vollkommen, doch diese Vollkommenheit können in ganzem Umfang wohl nur vollkommene Menschen wahrnehmen. Unsere Aufgabe ist es, uns dieser Vollkommenheit anzunähern.

Doch anstatt die Welt in ihrer Ordnung und Schönheit zu genießen und zu entdecken, ist der Mensch vielfach damit beschäftigt, die Zusammenhänge in tausend Stücke zu reißen. Das Ergebnis besteht in einer Zersplitterung der Wissenschaften und der Technologien, aber auch in wachsendem Zeitdruck und – allen Fortschritten der Medizin zum Trotz – auch in einer Verschlechterung der Gesundheit der Menschen und des Planeten. Trotz des „Fortschritts" kennen wir nicht einmal die Geheimnisse des menschlichen Denkens; oft verstehen wir uns selbst kaum.

Wissenschaftler warnen: Die Schmerz- und Stressverarbeitung wird schlechter, sogar bei kleinen Kindern. Das Verblassen der Gefühle ist eine große Herausforderung für die Menschheit, denn unser Herz und unsere Gefühle stellen das einzige Tor zum glücklicheren Leben dar, wenn man sich nicht zum biologischen Roboter entwickeln will.

Viele Menschen leben heute an der Grenze eines Nervenzusammenbruchs. Sie scheinen sich im Gleichgewicht zu befinden und wirken leistungsfähig. Tatsächlich leben sie aber mit Psychopharmaka, leiden an Schlaflosigkeit, Bedrückung, Verzweiflung oder Nervosität.

Oft treffe ich in meiner Praxis Menschen, die erfolgreich, aber nicht glücklich sind. Wenn ich sie danach frage, was sie in ihrem Leben glücklich macht, sind sie geschickt genug, so zu antworten, dass sie die Themen Geld, Leistung und Ruhm nicht erwähnen; denn sie haben bereits festgestellt, dass sie dadurch auf Dauer kein Glück finden. Sie können jedoch nichts aufzählen, was sie wirklich glücklich macht.

Daher gehen wir in der therapeutischen Behandlung in ihre Kindheit zurück und suchen dort nach Bildern für die Freude am Spielen, an der Kreativität und an der selbsttätigen Beschäftigung. Wir suchen dann nach einer Möglichkeit, diese kindliche Freude wieder ins Leben zurückzubringen. Wir versuchen, Beispiele für den eigenen Mut, das Leben auf das Wesentliche zu konzentrieren, zu finden. Es ist traurig, wenn für zahlreiche intelligente Leute das Gefühl für den Sinn des Lebens verloren geht und sie Depressionen oder Drogen anheim fallen.

In einem Gespräch fragte ich einen jungen Klienten, warum er seine Erfahrung mit Drogen brauche. Er antwortete: „Aus Langeweile!"

Wie ist das möglich in einer Gesellschaft, die voll ist von technischen Unterhaltungsmöglichkeiten, wie zum Beispiel Techno-Musik oder High-Tech-Spielen? Vielleicht liegt darin schon die Antwort. Die künstliche Welt besteht nur aus einem geringen Anteil an natürlichen Energien. Sie vernichtet den Wert der Sinneseindrücke. Gleichzeitig verlieren die Menschen das Gefühl dafür, was sie wirklich wollen.

Wir können nicht nur für Äußerlichkeiten leben, unsere innere Welt ist ebenso wichtig. Es ist die Welt der Ruhe, ohne Hektik und Neonlichter. Es stehen dabei unsere Gefühle und die feinsinnige Welt unserer Seele im Mittelpunkt. Unser Gemüt liebt das Kerzenlicht, schöne Wohlgerüche und natürliche Farben. Man sollte sich Zeit nehmen für tiefe Gefühle der Liebe, der Seligkeit und der Lebensfreude.

Wollen die Menschen diese Erfahrungen machen, müssen sie sie wollen. Sie müssen auf die Suche nach der Welt jenseits der materiellen Werte gehen und sich für sie innerlich öffnen.

Jeder Mensch hat einen individuellen Wert und ihm stehen enorme schöpferische Kräfte zur Verfügung. Es liegt an ihm, ob er diese freisetzen und nutzen will für ein Leben in Einklang mit der Schöpfung.

Man sollte mit einer Selbstbetrachtung beginnen und sich fragen: Was belastet mich? Wo liegen meine Ängste, was blockiert mich, welchen Teil meines Daseins vernachlässige ich aus Zeitmangel, wonach dürstet mein Herz?

Wir sollten unterscheiden lernen, was uns dazu treibt, ständig Leistungen zu erbringen – die Motive des Herzens oder die des Egos.

Die Forderungen des Egos können nie befriedigt werden, das Ego möchte immer mehr, und wenn es ein Ziel erreicht hat, treibt und verfolgt es uns weiter. Folgt man dem Weg des Egos, ist man gefährdet und leicht manipulierbar; es ist so, als würde man mit verbundenen Augen durchs Leben gehen oder nur auf einem Bein stehen.

Wirkliche Freude und dauerhaften Erfolg wird man nur erreichen, wenn das Leben im Einklang ist und in Verbindung mit dem Herz und der Seele steht. Wenn man mitfühlender wird, sich selbst liebt und sich öffnet, wird man in der Lage sein, das zu tun, was man immer schon wollte. Wir sind freie Wesen und seit Urzeiten verfügen wir über eine Vielfalt von Möglichkeiten, die über den bloßen Materialismus weit hinausgehen.

Wenn das Spiel mit den sieben Pendelkreisen dabei hilft, das Geheimnis des Lebens ein wenig zu lüften, hat es sein Ziel erreicht.

Nutzen Sie die leere Pendeltafel (Sie können sie auch mehrfach kopieren) dazu, um Ihre persönliche Themen einzutragen und mit dem Pendel zu erforschen.

Sie werden Antworten auf jede oder doch die meisten Ihrer Fragen erhalten: Unser höheres Selbst kennt sie. Lassen wir uns auf eine höhere Weisheit ein. So betreten wir die wunderbare, ewige geistige Welt, von der aus wir auch unsere materielle Wirklichkeit neu betrachten und neu gestalten können.

Nehmen wir das Rad des Lebens fest in die Hand, damit tun wir für uns selbst und für die Schöpfung das Beste.

Das Geheimnis, wie wir unsere Wirklichkeit erkennen und verändern können, soll in sieben Schritten erläutert werden:

    Selbst-Anerkennung

        Verständnis

            Vergebung

                Reinigung

                    Streben

                        Zielvorstellung

                            Freude am Spiel der Schöpfung

Wir leben auf dem schönen *Blauen Planeten*, in der Mitte des Universums, in der Unendlichkeit im Feld der unbegrenzten Möglichkeiten. Das Weltall ist ein zeitloser Tanz von Energien in exakten, wunderschönen Rhythmen. Alle Entwicklungen und Veränderungen vollziehen sich in diesem Tanz; die Energien wechseln von einer Form in die andere.

Die Erde ist wie eine kosmische Schule, und die Seelen lernen in ihr seit Millionen von Jahren, ihre kreativen Fähigkeiten zu entwickeln, um die Polarität der Welt und sich selbst verstehen zu können.

Als wenn es eine eingegebene energetische Information wäre, entsteht in den Menschen der natürliche Wunsch, nach der Harmonie und dem Licht zu streben, aus der sie Kraft schöpfen können. Doch wie kann man Glückseligkeit und Harmonie finden und begreifen, wenn unser Körper uns durch bestimmtes Genmaterial mehr oder weniger beeinträchtigt? Wenn der Verstand nicht das Instrument des Geistes ist, sondern der Ort des Egos, was ruft dann die internationalen Konflikte hervor? Sind es Spannungen und die Illusion einer unabhängigen Existenz? Was verbirgt sich hinter unserem unsterblichen Geist? Er wartet leidend, bis der Mensch seine Wünsche registriert hat und sich spirituell entwickelt, so dass er durch das Herz sprechen kann, wo er seinen Sitz hat.

Das spirituelle Wachsen ist der Weg zum Licht, es realisiert sich in der Erkenntnis von energetischen Mustern im täglichen Leben, im Hören auf die Wurzeln des Menschen und auf das Wesen des Universums. Auf diesem Weg entwickeln sich auf natürliche Weise unsere übersinnlichen Fähigkeiten, die Begabung, nicht nur logisch zu denken, sondern auch instinktiv Wahrheit zu erkennen und zu fühlen. Man kann dabei herausfinden, welche Gedanken, Empfindungen und Energien die eigenen sind und welche nicht ursprünglich zu einem selbst gehören, um

negative Gefühle erfolgreich umwandeln zu können. Es wird durch diesen Weg möglich zu erkennen, welche Konsequenzen aus der persönlichen Lebenseinstellung und aus unserem Denken und Handeln resultieren können. Das spirituelle Wachstum wird schließlich mehr Licht und Freude in unser Leben bringen. Es gibt den Menschen die Befähigung, sich selbst und andere zu heilen. Dadurch wird man vitaler, gelassener und entwickelt mehr Einfühlungsvermögen für andere. Man wird zunehmend selbstständiger, lebt mit einem größeren Selbstbewusstsein und mit mehr Freude auf Erden. Das kann der Beginn einer besseren Welt sein. Wohlergehen, Erfolg und Glücksgefühle von Harmonie und Einigkeit werden so unseren weiteren Weg bestimmen.

Wie fühle ich mich?

Ich bin einsam

Ich bin zu träge, ich sollte mehr erleben, Spaß haben

Ich fühle mich verwirrt, ich weiß aber nicht, warum; ich habe doch (fast) alles

Nervös durch Leute, Beziehungen und durch die laute, hektische Welt

Ich brauche die Herausforderung

Ich fühle mich gut zu Hause, aber auf der Arbeit?

Es ist wie im Sommer auf einem Schlitten zu fahren, und mehr und mehr leidet die Gesundheit

Ich vermisse Freunde, Liebe und Gemeinschaft

Ich fühle mich gut, auch wenn ich nicht weiß, was ich damit anfangen könnte

Ich muss darüber nachdenken, wer ich bin, woher ich komme und was ich hier auf der Erde tue

Ich vermisse etwas, was ist mit meiner Zukunft?

Gutes Essen und Trinken würde mir gut tun

Ich fühle mich wohl, aber ein bisschen Entspannung wäre toll

Ich vermisse so vieles

Ich sollte mich mehr anstrengen ... (dann würde ich mich besser fühlen)

Die Menschen des dritten Jahrtausend denken immer häufiger über den Sinn des Lebens nach und stellen sich die Frage, wie man in einer Zeit mit Veränderungen leben kann. Unsere Welt öffnet sich für den Übergang zu einer höheren Dimension. Veränderungen vollziehen sich in allen Bereichen des Lebens; das alte Modell der materiellen Welt scheint auszulaufen, nichts ist mehr, wie es einmal war.

Die alten Schemata sind nicht mehr funktionsfähig. Das Menschliche gewinnt wieder an Bedeutung, der Wunsch, sinnvoller und erfüllter zu leben, wird wieder relevanter.

Die eigenen spirituellen und kreativen Möglichkeiten in uns werden uns auf den Weg der Selbstverwirklichung auf Erden bringen.

Was kann ich tun, um mich und andere glücklich zu machen?

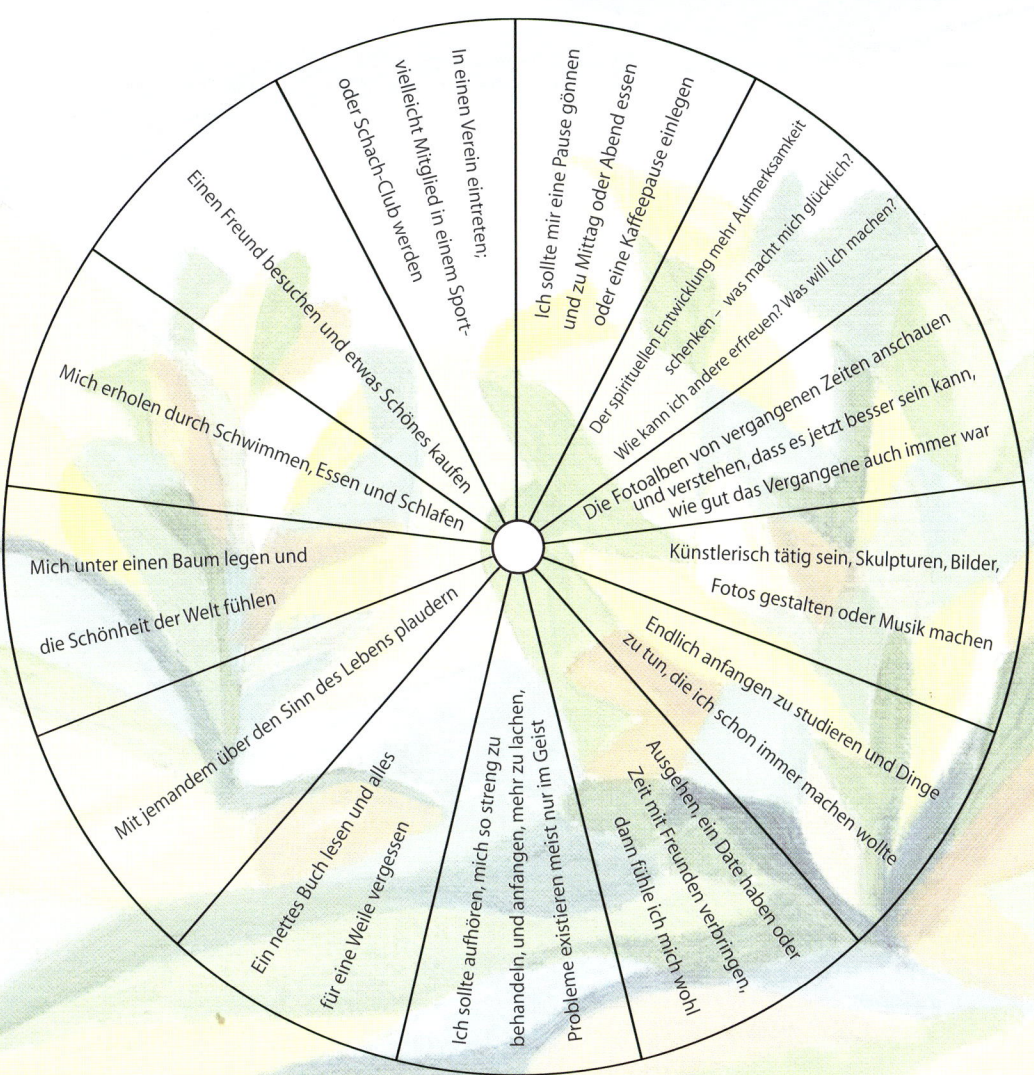

In einen Verein eintreten; vielleicht Mitglied in einem Sport- oder Schach-Club werden

Ich sollte mir eine Pause gönnen und zu Mittag oder Abend essen oder eine Kaffeepause einlegen

Der spirituellen Entwicklung mehr Aufmerksamkeit schenken – was macht mich glücklich? Wie kann ich andere erfreuen? Was will ich machen?

Einen Freund besuchen und etwas Schönes kaufen

Die Fotoalben von vergangenen Zeiten anschauen und verstehen, dass es jetzt besser sein kann, wie gut das Vergangene auch immer war

Mich erholen durch Schwimmen, Essen und Schlafen

Künstlerisch tätig sein, Skulpturen, Bilder, Fotos gestalten oder Musik machen

Mich unter einen Baum legen und die Schönheit der Welt fühlen

Endlich anfangen zu studieren und Dinge zu tun, die ich schon immer machen wollte

Mit jemandem über den Sinn des Lebens plaudern

Ausgehen, ein Date haben oder Zeit mit Freunden verbringen, dann fühle ich mich wohl

Ein nettes Buch lesen und alles für eine Weile vergessen

Ich sollte aufhören, mich so streng zu behandeln, und anfangen, mehr zu lachen, Probleme existieren meist nur im Geist

Wie sehen wir die Welt um uns herum? Was sehen wir wirklich und was fühlen wir außerdem noch? Man stellt sich diese Fragen eher selten. Es scheint, als wenn unsere Augen alles automatisiert wahrnehmen, und was wir sehen, ist für uns Wirklichkeit. Aber ist es tatsächlich so? Es gibt so viele Realitäten wie Menschen auf Erden. Jeder sollte die jeweiligen Realitäten in Hinblick auf seinen eigenen Lebensweg respektieren. Denn der Mensch kann seine Umwelt und seine Erlebnisse nur auf seinen persönlichen Wissensstand beziehen und formt dabei sein eigenes Bild der Welt. Man untersucht, vergleicht und beurteilt, um seine Erfahrungen zu verstehen und einzuordnen.

In der Tat gibt es jedoch noch eine andere wichtige Betrachtungsweise der Welt, die nicht außer Acht gelassen werden darf. Dabei sieht man sich selbst als Teil der Realität und kann dadurch erkennen, dass man sich nicht von ihr loslösen oder trennen kann. Man kann so physisch und räumlich einen Zusammenhang mit dem Objekt fühlen, auf das die Gedanken gerichtet werden. Man kann diese Betrachtungsweise allerdings nur anwenden, wenn man entspannt und ausgeruht ist und sich auf ein Objekt oder ein Erlebnis konzentrieren kann. In dieser Sicht sollten dann alle Erfahrungen miteinbezogen werden, auch unsere Gefühle und subjektiven Sichtweisen. Durch das Visualisieren und Fühlen kann man schließlich einen Lichtpunkt erkennen, der mit den Augen nicht zu sehen ist. Man kann die Gefühle und Gedanken anderer mittels feinsinniger Energien fühlen und wahrnehmen. Wenn etwas nicht gleich erkannt werden kann,

kann man Dinge separat voneinander betrachten. Das ist eine Möglichkeit, die komplizierte Realität, die durch unsere Gedanken vorgeformt ist, besser zu begreifen. Denn die Gefühle sind oft schwach, und die Weltsicht ist beeinflusst durch Schlussfolgerungen, die man aus Erfahrungen gezogen hat. Ist man jedoch vorurteilsfrei und sind die Gedanken nicht beeinträchtigt, dann sind die Gefühle stark und man kann sich der Situation öffnen. Dann leben wir im Fluss und in der Einheit, der Augenblick gewinnt an Farbe und Bedeutung, wir fühlen sekundenschnell die Fülle im Hier und Jetzt. Man kann dann intuitiv spüren, was richtig für einen selbst ist, und man kann Entscheidungen in Einklang mit seinen Gefühlen treffen.

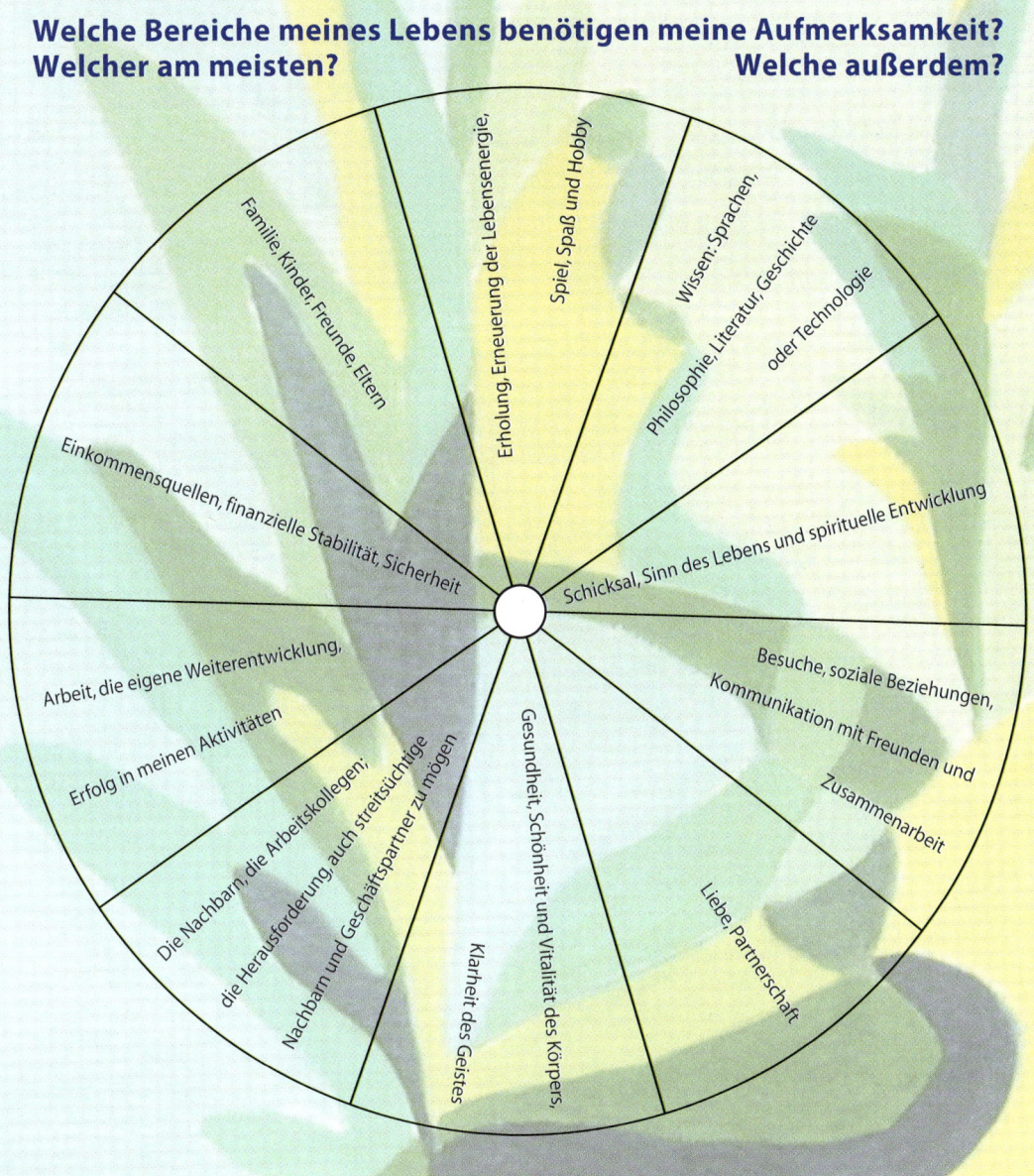

Erholung, Erneuerung der Lebensenergie

Spiel, Spaß und Hobby

Familie, Kinder, Freunde, Eltern

Wissen: Sprachen, Philosophie, Literatur, Geschichte oder Technologie

Einkommensquellen, finanzielle Stabilität, Sicherheit

Schicksal, Sinn des Lebens und spirituelle Entwicklung

Arbeit, die eigene Weiterentwicklung, Erfolg in meinen Aktivitäten

Besuche, soziale Beziehungen, Kommunikation mit Freunden und Zusammenarbeit

Die Nachbarn, die Arbeitskollegen; die Herausforderung, auch streitsüchtige Nachbarn und Geschäftspartner zu mögen

Gesundheit, Schönheit und Vitalität des Körpers,

Klarheit des Geistes

Liebe, Partnerschaft

Wenn man für eine Weile versucht, die Welt nicht logisch zu zergliedern, sondern mit dem Herzen zu betrachten, wird man die Dinge und Ereignisse von einem höheren Standpunkt aus erkennen können. Dann ist es möglich, die versteckten Verbindungen, den Reichtum und die Harmonie des Universums, die unbegrenzten Möglichkeiten und Fähigkeiten der Menschen wahrzunehmen.

Das Weltall ist ein ewiges Energiespiel, Bewegungen in verschiedenen Frequenzen, die sich als Farben, Töne und Stoffe zeigen. Wenn man die Muster der Energien kennen würde, könnte man ein Teil von Ihnen werden, sodass man sie zum Beispiel für die Arbeit nutzen könnte. Das wäre hilfreich für alle von uns. Das faszinierende Spiel der Lichter, Farben und Formen kann uns inspirieren, eine glückliche Welt mit einer zufriedenen Bevölkerung zu schaffen. Ja, das ist auch möglich! Jeder Klang, jede Farbe, alles beeinflusst unsere persönliche Verfassung und unser Energie-Feld. Wie können wir damit beginnen, dies positiv zu nutzen? Wie kann man in die Welt eintauchen und nicht in ihr untergehen? Durch Demut des Herzens im Anblick der gewaltigen Kräfte der Erde und des Weltalls, durch Freude an unseren unentdeckten Möglichkeiten und durch die Entwicklung unserer übersinnlichen Fähigkeiten und Intuition. Unser Herz und das „höhere Selbst" sind dabei die Wegbegleiter auf dieser Reise. Wir sollten uns alle vom Herzen leiten lassen! Wir sind Lichter auf einer Reise. Man sollte sich auf die Polarität des Lebens einlassen und dabei die Höhen und Tiefen, alle menschlichen Gefühle, die Kraft der Gedanken und das Gute und Böse kennen lernen. Man muss sich entscheiden, welche Eigenschaft man als bestimmende wählt – Angst oder Liebe. Wenn wir uns selbst finden und Vollkommenheit anstreben, dann werden wir zurückkehren in den Ursprung und die Quelle allen Lebens.

Mit den Worten des Künstlers:
„Alles was wir sehen, ist bloß eine Kopie, eine Möglichkeit, ein Gleichnis. Echte Wahrheit findet man unsichtbar im Wesen."

Paul Klee (1879 – 1940)

Was soll ich lernen?

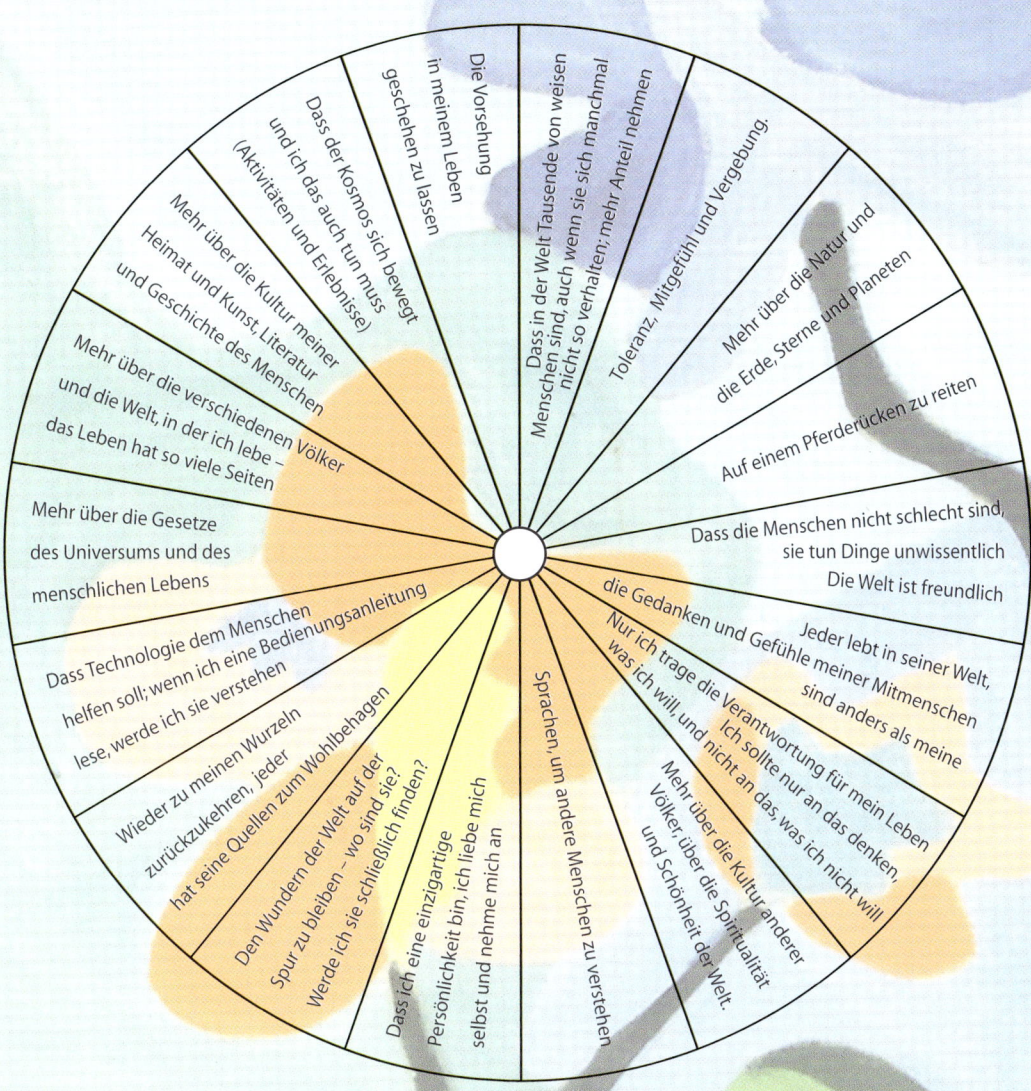

Die Vorsehung in meinem Leben geschehen zu lassen

Dass der Kosmos sich bewegt und ich das auch tun muss (Aktivitäten und Erlebnisse)

Mehr über die Kultur meiner Heimat und Kunst, Literatur und Geschichte des Menschen

Mehr über die verschiedenen Völker und die Welt, in der ich lebe – das Leben hat so viele Seiten

Mehr über die Gesetze des Universums und des menschlichen Lebens

Dass Technologie dem Menschen helfen soll; wenn ich eine Bedienungsanleitung lese, werde ich sie verstehen

Wieder zu meinen Wurzeln zurückzukehren, jeder hat seine Quellen zum Wohlbehagen

Den Wundern der Welt auf der Spur zu bleiben – wo sind sie? Werde ich sie schließlich finden?

Dass ich eine einzigartige Persönlichkeit bin, ich liebe mich selbst und nehme mich an

Sprachen, um andere Menschen zu verstehen

Mehr über die Kultur anderer Völker und Schönheit der Welt.

Ich sollte nur an das denken, was ich will, und nicht an das, was ich nicht will

Nur ich trage die Verantwortung für mein Leben

Jeder lebt in seiner Welt, die Gedanken und Gefühle meiner Mitmenschen sind anders als meine

Die Welt ist freundlich

Dass die Menschen nicht schlecht sind, sie tun Dinge unwissentlich

Auf einem Pferderücken zu reiten

Mehr über die Natur und die Erde, Sterne und Planeten

Toleranz, Mitgefühl und Vergebung;

Dass in der Welt Tausende von weisen Menschen sind, auch wenn sie sich manchmal nicht so verhalten; mehr Anteil nehmen

F antasie und Kreativität sind natürliche Eigenschaften eines Kindes. Jedes Kind glaubt, dass es werden kann, was auch immer es will, und stellt sich das auch vor. Die Geschichte hat viele geniale Persönlichkeiten mit großer Fantasie hervorgebracht, die die Menschheit in ihrer Entwicklung voran gebracht haben. Wurde die Realität positiv erschaffen oder wurde sie möglicherweise erst positiv gestaltet?

Unsere Wirklichkeit ist aus allen Gedanken, aus jeder Phantasie und aus allen Gefühlen entstanden. Dazu gehören auch die negativen. Unser Lebensweg spiegelt unsere Gedanken und Gefühle wider. Wenn wir die Gesetze des Universums kennen, auf unsere Herzen hören und unseren Geist kreativ betätigen, können wir glücklich und zufrieden leben.

Lassen Sie uns nochmals auf die Kindheit zurückkommen. Schauen wir hinein in die Welt der

Tagträume, um uns vorzustellen, was wir wirklich wollen und was wir uns erhoffen. Dann halten wir das Bild des Glücks einen Moment fest, als wäre es Wirklichkeit. Um positive Veränderungen im eigenen Leben zu erwarten, muss man zuerst die Prinzipien des Universums verstehen und die kosmischen Gesetze respektieren. Visualisierung und Imagination von Bildern gehören zur wesentlichen Sprache der spirituellen Welt. Der Kompass, der uns führt, ist unser Herz und unsere Sehnsucht nach Spiritualität und Harmonie.

Was repräsentiert das, was mir am Herzen liegt, wo zeigt es sich in meinem Leben?

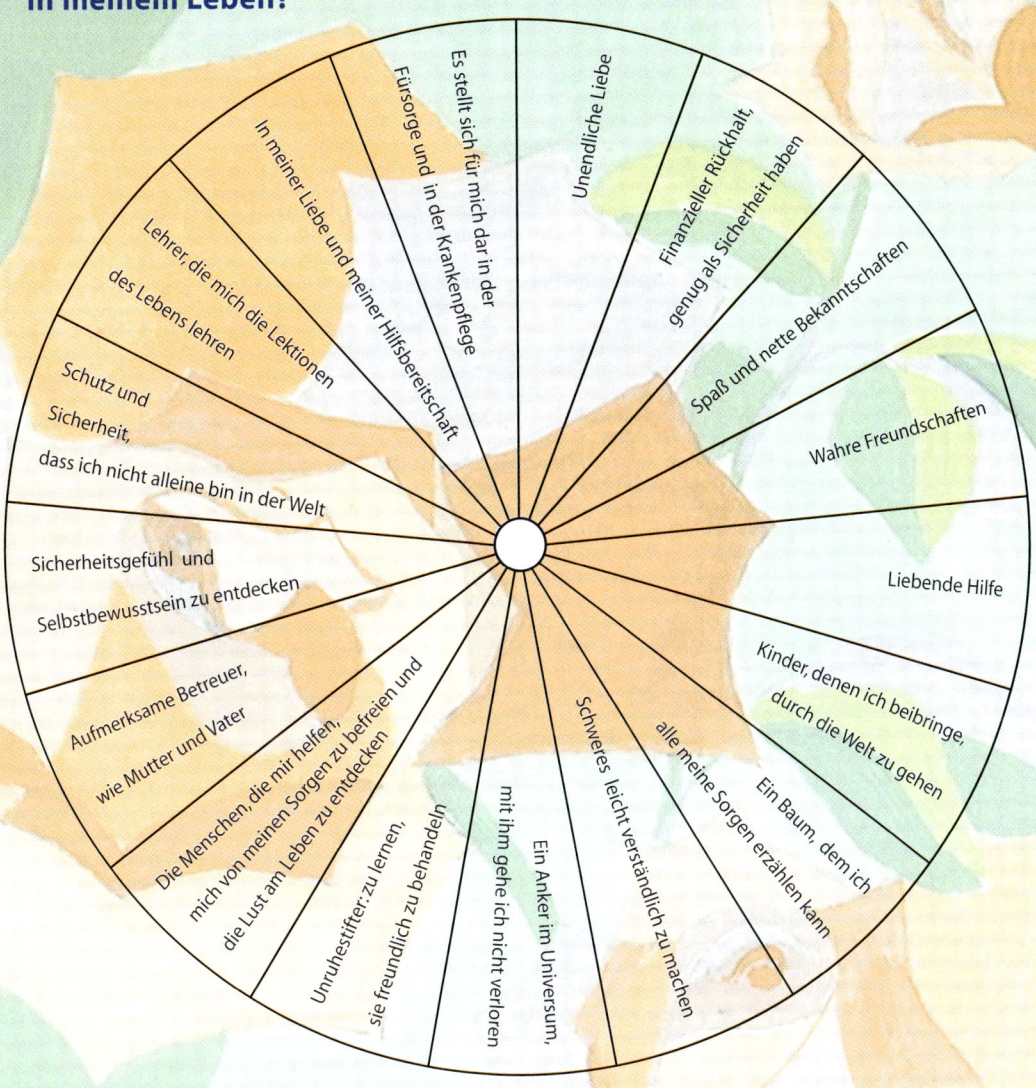

Es stellt sich für mich dar in der

Fürsorge und in der Krankenpflege

In meiner Liebe und meiner Hilfsbereitschaft

Lehrer, die mich die Lektionen des Lebens lehren

Schutz und Sicherheit, dass ich nicht alleine bin in der Welt

Sicherheitsgefühl und Selbstbewusstsein zu entdecken

Aufmerksame Betreuer, wie Mutter und Vater

Die Menschen, die mir helfen, mich von meinen Sorgen zu befreien und die Lust am Leben zu entdecken

Unruhestifter zu lernen, sie freundlich zu behandeln

Ein Anker im Universum, mit ihm gehe ich nicht verloren

Schweres leicht verständlich zu machen

alle meine Sorgen erzählen kann

Ein Baum, dem ich

Kinder, denen ich beibringe, durch die Welt zu gehen

Liebende Hilfe

Wahre Freundschaften

Spaß und nette Bekanntschaften

Finanzieller Rückhalt, genug als Sicherheit haben

Unendliche Liebe

S tellen Sie sich die Welt als eine große Sandkiste vor. Beobachten Sie die Kinder, wie sie im Sand spielen, und Sie werden feststellen, dass sie in ihrer kleinen Welt so ähnlich handeln und denken wie Erwachsene in der großen. Diese irdische Welt ist wirklich wie eine große Sandkiste. Jeder baut in ihr seinen eigenen Spielbereich und backt dort seine Sandkuchen. Auch wenn es hart klingt, irgendjemand ärgert immer einen anderen und will die Arbeit des anderen, seine Sandburg zerstören. Ein anderer wechselt seine Stelle und beginnt seine Arbeit von vorn. Noch ein anderer will neben jemandem bauen, dem es gut gelingt, andere setzen sich hin und gucken nur zu. Dann sind da noch welche, die meinen, ein schweres Schicksal zu haben und schon dafür dankbar sind, mit einer rostigen Schaufel mitspielen zu dürfen. Noch jemand macht einen Kontrollgang, der immer alles besser weiß. Die besten Schaufeln gehören ihm, auch die, mit denen die anderen spielen. Er ist sich dessen sehr sicher, doch einige schmieden deswegen Pläne. Plötzlich stößt jemand aufgekratzt dazu. Mit Begeisterung lädt er alle zu einem neuen Spiel ein. Und sofort gibt es Kritiker und Beobachter. Einige wollen mitspielen, andere sind dagegen abweisend. Es kommt ganz darauf an, wie groß der Mut und die Lust zum Spielen sind und was sie vorher gemacht haben. Allerdings spielt der am besten, der Freude am Spiel empfindet, dem es gelingt, mit anderen zusammenzuarbeiten und der den Spaß und die Energie des Spiels teilen kann. Das Geheimnis des Lebens bedeutet, unsere Aufgabe in der Illusion, die sich Welt nennt, zu verstehen.

Die Welt ist das göttliche Spiel der Kräfte, welches seine eigenen Regeln hat. Jeder, der weiß, wie sie lauten, woher sie kommen und wohin sie fließen, befindet sich im Fluss mit der kosmischen Fülle. Neben unseren fünf Sinnen haben wir mehrere Möglichkeiten der Erkenntnis, und es liegt an uns, ob wir sie erweitern wollen und auch warum. Tut man es, dann befindet man sich auf dem Weg zur Wahrheit, zum Verständnis des eigenen Seins, des Lichtes und der Liebe.

Wo liegen meine größten Chancen im Leben?

In der Kunst, ich habe einzigartige Ideen

In einer Anstellung, in guter Gesellschaft, in der Erwartung einer herausragenden Karriere

Im Show-Business werde ich erfolgreich sein

In der Wissenschaft und in der Untersuchung des Lebens

In der Medizin

Im Service oder in der Tourismusbranche

Im Design und im Entwerfen von Kleidung

Besonders für gute und gesunde Waren

In Werbung und Promotion.

Im Handel und Verkauf

Beim Lotto-Spielen, denn ich entspanne mich jetzt und warte auf ein Wunder

In der Zusammenarbeit mit anderen, es ist nicht so wichtig, was ich tue

In der Erkundung des Selbst; ich kann mich selbst erforschen und herausfinden, wer ich bin und was ich will

Im Sport und in der Schönheitsbranche

Bei der Arbeit mit kleinen Kindern, sie sind eine unendliche Inspiration

Was ist das Wesen des Menschen? Ein Licht auf einer Reise, vom Licht, was bei der Geburt empfangen wurde, zum Licht, wohin der Mensch zurückkehrt. Funken vollkommener Energien, die auf dem Weg durch die materielle, dreidimensionale Welt bis zur Vollkommenheit durchquert werden müssen. Alles, was existiert, besteht aus Energie und Information; alles ist die Erscheinungsform der unbegrenzten Energien des Schöpfers.

Die Zeit ist gekommen, dass immer mehr Menschen sich für die spirituelle Welt zu interessieren beginnen, für die Welt der Gefühle; sie realisieren die Beziehung des Menschen zum Kosmos und die Prinzipien des Universums.

Die Welt ist so wie die Seelen und Herzen der Menschen. Versuchen Sie, positive Aspekte in Ihrem Leben zu entdecken. In jeder Situation ist immer mehr Positives als Negatives zu finden. Stellen Sie sich positive Bilder von der Welt vor, eine Welt, in der wir leben möchten. Die Welt wird sich so schnell zu einem glücklicheren Planeten verändern, zu einem Treffpunkt der Seelen im ewigen Spiel des unsterblichen Lichts.

Was ist das Beste für meine spirituelle Entwicklung?

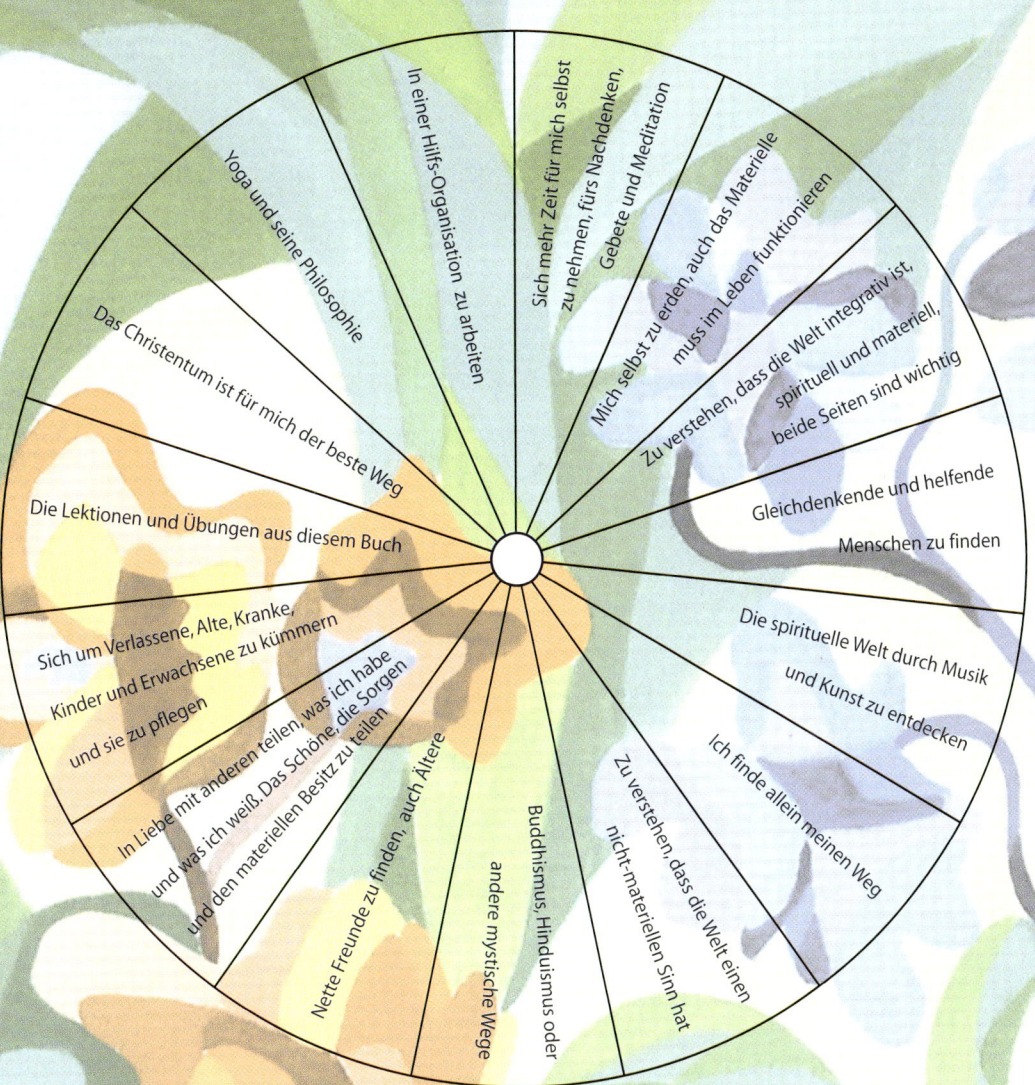

In einer Hilfs-Organisation zu arbeiten

Yoga und seine Philosophie

Das Christentum ist für mich der beste Weg

Die Lektionen und Übungen aus diesem Buch

Sich um Verlassene, Alte, Kranke, Kinder und Erwachsene zu kümmern und sie zu pflegen

In Liebe mit anderen teilen, was ich habe und was ich weiß. Das Schöne, die Sorgen und den materiellen Besitz zu teilen

Nette Freunde zu finden, auch Ältere

Buddhismus, Hinduismus oder andere mystische Wege

Zu verstehen, dass die Welt einen nicht-materiellen Sinn hat

Ich finde allein meinen Weg

Die spirituelle Welt durch Musik und Kunst zu entdecken

Gleichdenkende und helfende Menschen zu finden

Zu verstehen, dass die Welt integrativ ist, spirituell und materiell, beide Seiten sind wichtig

Mich selbst zu erden, auch das Materielle muss im Leben funktionieren

Sich mehr Zeit für mich selbst zu nehmen, fürs Nachdenken, Gebete und Meditation

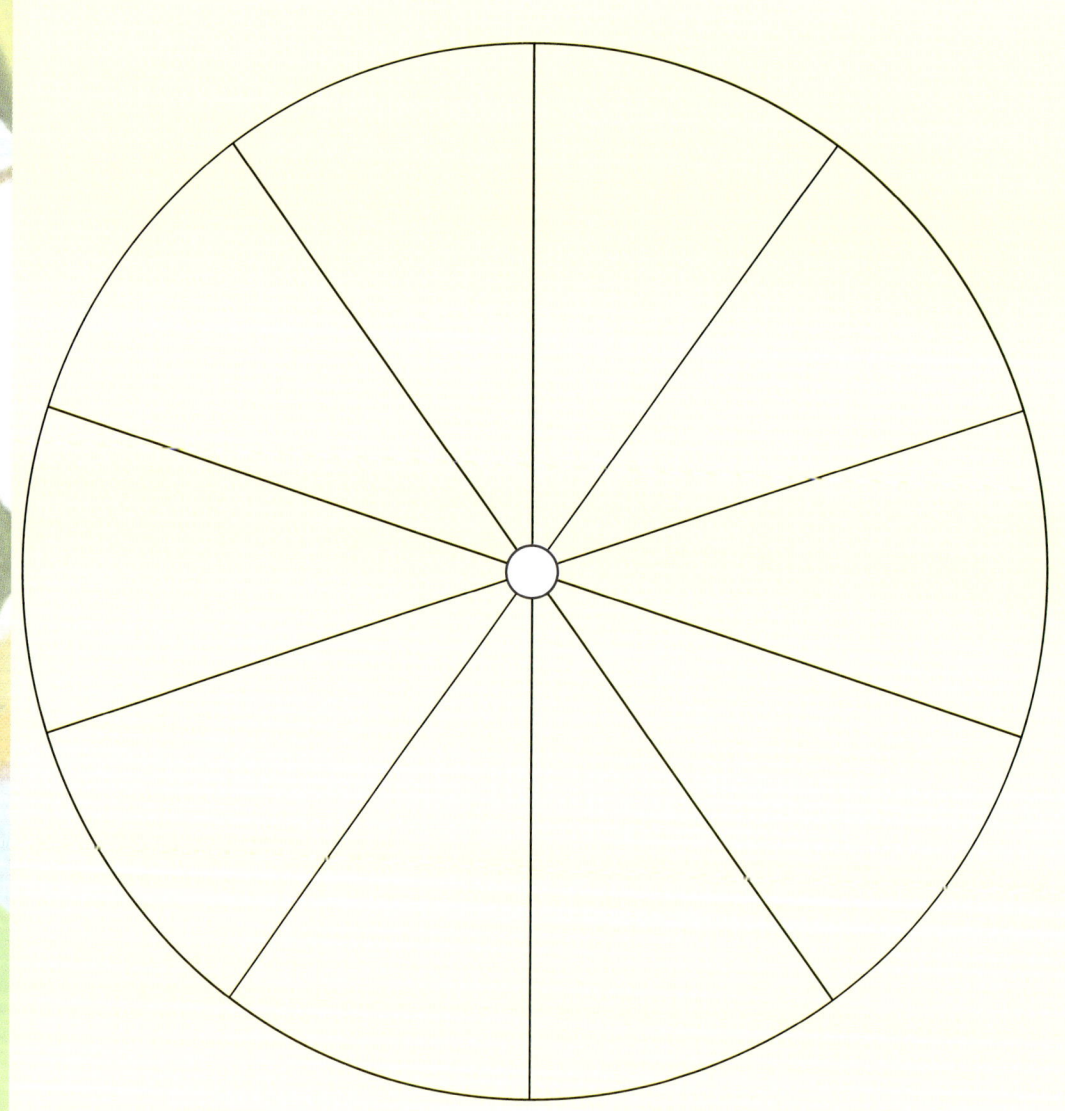

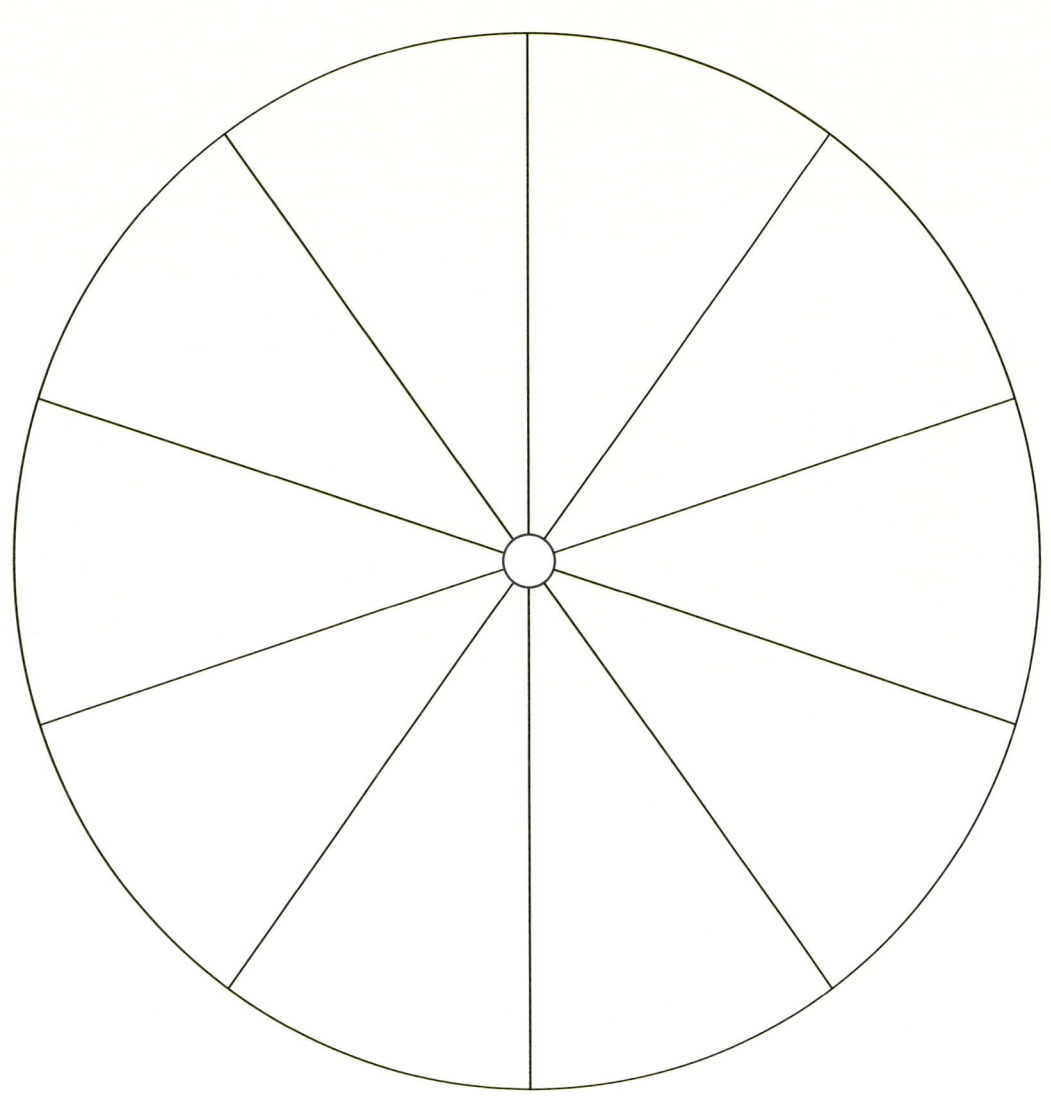

Auf der Schwelle zur neuen Menschheit

Wir stehen auf der Schwelle zu einer neuen Welt, wir bestaunen sie schon durch das Schlüsselloch. Einige von uns wollen die Tür schon öffnen, zögern aber doch einzutreten, als wenn diese neue Wirklichkeit zu unheimlich wäre, zu weit entfernt von all dem, was wir kennen.

Das Universum ist multidimensional, deswegen ist es schwierig, es mit einer dreidimensionalen Denkweise zu erfassen. Und inzwischen verliert die scheinbar so sichere materielle Welt an Boden. Die physikalischen Gesetze funktionieren nicht mehr, wie sie sollen, die Natur streikt, und viele Menschen fühlen sich unglücklich und stehen unter Druck.

Es ist sicher, dass es so nicht weitergehen kann. Die Zeit und unser Leben können nicht bis ins Unendliche beschleunigt werden, um den Profit einiger weniger *Global players* zu steigern. Das wird zerbrechen, eine neue Menschheit wird entstehen wie „Phönix aus der Asche". Schon oft in der Erdgeschichte wurden hoch entwickelte Kulturen vernichtet und in einer neuen Form wieder errichtet.

Nun warten die Menschen wieder auf einen Sprung in der Evolution. Die dreidimensionale Welt, die materielle Welt neigt sich dem Ende zu. Die Menschen und die Erde selbst entfalten sich zur vierten und fünften Dimension. Es gibt viele Szenarien vom Ende des Zeitalters: zum Beispiel von schrecklichen Katastrophen, die zu einer massenhaften Flucht der Menschen in Raumschiffen führen. In ihnen allen spielt die Angst, die Existenzangst der Menschen die entscheidende Rolle.

Ist es möglich, die Menschheit durch Angst zu einer höheren Dimension zu führen? Sicherlich nicht! Angst gehört zur dritten Dimension; die vierte ist die Liebe. Menschen, die auf ihr Herz hören, haben keine Angst, sie wissen, wie sie auf sich aufpassen müssen. Sie stellen ihre spirituellen Begabungen der ganzen Menschheit zur Verfügung. Jeder ist in diese Welt hineingeboren worden, um in ihr zu leben. Leben Sie jetzt und hier, genau hier. Es gibt kein Entkommen.

Die Transformation der Menschheit wird sich als erstes in einem Anstieg der Spiritualität zeigen, in Verbundenheit mit den Gesetzen des Universums. Dann wird sich eine Veränderung der materiellen Welt einstellen, die Veränderung zu einer besseren Welt.

Die Erde wird, wie jeder Mensch, durch diese Katharsis (griechisch, „Reinigung") so gut es geht hindurchgehen, die negative Macht der Menschen wird vorüber sein. Die Erde wird so von den Menschen in ihren spirituellen Ursprung zurückgeführt. Der Mensch wird seine Herrschaft über die Erde verlieren, er wird sie nicht mehr ausplündern können und die Natur wird für ihn unverständlich: Wetterschwankungen, Schnee im Sommer, Hochwasser und Erdbeben an unvorhergesehenen Orten, Krankheitsbefall bei Mensch und Tier, aktive Vulkane, das Schmelzen der Eisberge, die Abweichung der Erdachse.

Die Entwicklung kann nicht aufgehalten werden und alles entwickelt sich zurück zum Licht, von dem wir stammen. Wenn wir weiterhin auf der Erde leben wollen, dann haben wir jetzt die letzte Möglichkeit, spirituell zu wachsen. Der Mensch muss wissen, dass er ein Teil der Natur ist. Er muss sich selbst beobachten, wie er sich in ihr einbringt. Erkennen wir den Sinn des Lebens! Versuchen Sie, die Schwingungen der Erde zu empfangen und genießen Sie ihre Schönheit, ihre Harmonie und ihr Licht.

Die Entwicklung der Menschheit und der Erde verläuft spiralförmig. Gerade heute stehen wir vor evolutionären Veränderungen. Die Menschen müssen lernen, mit ihrer eigenen Kraft zu arbeiten. Dabei ist es wichtig zu erkennen, welche Gedanken, Gefühle und Energien zu uns gehören und welche die der anderen sind. Man sollte seine Aura davon befreien und negative Energien umwandeln; man muss erkennen, welche Konsequenzen aus der eigenen Lebenseinstellung, den Gedanken und Gefühlen resultieren. Die Menschen sollten lernen, ihre Schwingungen zu erhöhen und so bewusst an der eigenen Wirklichkeit mitzuwirken; das alles wird wichtig werden für ein sinnvolles Sein der Menschen.

Die Umwandlung hat eingesetzt, Veränderungen sind jetzt sichtbar. Um die vierte Dimension der Menschheit zu erreichen, benötigt die Erdentwicklung den spirituellen Wendepunkt, einen prinzipiellen Wechsel, der nur durch eigenen Einsatz und den Einsatz aller erreicht werden kann. Die Energie muss von der dritten zur vierten Dimension, dem Herz-Chakra (Chakra bedeutet: Hauptenergiezentrum), gesteigert werden und eine Verbindung von ihm zur spirituellen Welt hergestellt werden.

Durch die Entwicklung der ersten drei Chakren, die mit Überlebenskampf, Beziehung und Beruf verknüpft sind, entwickelte sich die Menschheit bisher; nur durch die Entwicklung des vierten Chakras, das für Freundschaft, Liebe und Schönheit steht, ist es möglich, dass wir ein Teil des Universums werden. Nur derjenige, der diese spirituelle Wende vollzieht – das Tor zum Herzen –, wird in seinem Wesen spirituell werden. Man kann zwar in der Konzentration auf etwas übersinnliche Kräfte entwickeln, diese sind aber begrenzt auf das dritte Chakra (Solarplexus/Sonnengeflecht/Hara/Nabelchakra) und auf das Erd-Chakra (Energiezentrum über dem Globus, in dem Energieströme zusammenlaufen, zum Beispiel die beiden Pole der Erde oder Tafelberg bei Kapstadt).

Besser geht es den Menschen, die die spirituelle Wendung vollzogen haben, sie haben ein reines Herz. Sie sind geschützt und gestärkt durch die Energie des Schöpfers und haben eine direkte Verbindung mit „seiner" Kraft, welche die größte Kraft ist, die sich im Universum befindet. Sie streben nicht nach Macht oder Ruhm, um andere zu beeinflussen; sie streben nach Harmonie, Freundschaft, Frieden und Liebe, was sich in ihrem Dienst für die Mitmenschen zeigt. Diese Menschen möchten die Schwingungen der Freude mit anderen teilen.

Menschen, die sich auf dem dritten Niveau befinden bzw. vom dritten Chakra leben, verwechseln das häufig mit Schwäche. Aber das ist es nicht. Diese anscheinende Schwäche ist in Wirklichkeit Kraft, denn ihre Liebe besiegt alles Negative. Arrogante Menschen, die zwar physisch stark, aber geistig schwach sind, werden in ihrer Nähe so zart wie eine Seifenblase. Die Dauer der Reinigung des Planeten gibt vielen Menschen die Gelegenheit aufzuwachen, um durch das Tor zu gehen und eine innere Wende zu vollziehen.

Diese Welt ist wahrhaftig eine Schule und keine Kreuzfahrt auf hoher See. In der Schule gibt es allerdings auch schöne Momente und Freistunden. Wenn wir passende Lehrfächer wählen, wird es für uns nicht langweilig und es stellt sich ein positives Lebensgefühl ein. Stellen Sie sich eine Realität vor, in der jeder Wunsch sofort erfüllt wird. Man wünscht sich etwas, und schon kommen liebevolle Wesen vorbei, die große Freude daran haben, einen Wunsch zu erfüllen, weil sie bereit sind zu geben und jemanden glücklich machen wollen. In dem Moment würde der Mangel an allem sofort verschwinden.

Stellen wir uns gemeinsam vor, dass die Welt aus vielen harmonisch entwickelten Menschen bestünde, die dankbar sind und mit Liebe schenken; eine Welt der Erfüllung, der Liebe und Freundschaft. Unsere Vision, unser Wunsch und unsere Stärke wird uns zu dieser Realität führen, in Einklang mit den Gesetzen des Universums und der Mutter Natur.

Zwölf Schritte zur Vollkommenheit

Wenn man versucht, sein Leben von einem nicht-materiellen Standpunkt aus zu betrachten, zeigt sich eine faszinierende Wahrheit. Die Wahrheit, bekannt aus der Bibel: „Wie oben so unten, wie im Himmel so auf Erden". Jeder Mensch ist ein Element des Universums, er spiegelt das Universum in sich wider. Er ist ein Energie-Informationssystem, ein elektromagnetisches Feld, welches aus unterschiedlichen Schichten besteht, aus unterschiedlichen Energie-Zentren – den Chakren. Die Entwicklung von jeder Schicht oder Ebene – von jedem Chakra – ist verbunden mit der seelischen Entwicklung des Menschen, mit den Situationen, die er in seinem Leben erfahren hat.

Wissenschaftler entdeckten, dass sich die psychische Verfasstheit eines Menschen alle sieben Jahre ändert. Das ist darin begründet, dass sich in jeder „Sieben-Jahre-Periode" jeweils ein Chakra besonders entwickelt. Daher ist es für jeden Menschen wichtig, sich in einem bestimmten Lebensabschnitt auf die jeweils wichtigen Situationen zu konzentrieren und einen Lebensstil zu entwickeln, der das Bewusstsein besonders anspricht.

Die Entwicklung des ersten Chakras, von null bis sieben Jahren, ist verbunden mit der Entfaltung eines Geborgenheitsgefühl, der Sicherheit auf Erden. Das Kind braucht dazu nur genügend Wärme, Liebe, Nahrung und Schutz. In der Lebensperiode von sieben bis vierzehn Jahren, wenn sich das zweite Chakra entwickelt, entstehen zwischenmenschliche Beziehungen. Man ist dann auf der Suche nach Freunden und lernt, in einer Gruppe zu leben.

Zwischen dem 14. und dem 21. Lebensjahr entfaltet sich das dritte Chakra, verbunden mit der Eigenverantwortlichkeit in der Gesellschaft, dem persönlichen Werdegang und dem Ziel, von ihr akzeptiert zu werden. Sonnenenergie wird durch das dritte Chakra empfangen (Solarplexus) und führt uns zur Entwicklung unserer Persönlichkeit und den damit verbundenen mentalen Möglichkeiten. In diesem Zeitabschnitt ist die materielle Welt am reizvollsten. Man mag alles, was zu größeren Errungenschaften anspornt. Die Entfaltung der vierten Ebene, des Herz-Chakras, besser bezeichnet als Zentral-Chakra, beginnt in der Phase zwischen dem 21. und 28. Lebensjahr. Man möchte eine Partnerschaft eingehen, Liebe spüren und Kinder bekommen. Dieses ist der wichtigste Abschnitt für die Entfaltung von Gefühlen und Sympathien, Liebesbeziehungen zu anderen, zur Natur, zur Welt, zum Universum. Die Liebe ist unbestritten das zentrale Thema in unserem ganzen Leben.

Zwischen dem 28. und dem 35. Jahr intensiviert der Mensch dann seine Freundschaften. Es gefällt ihm, mit anderen zusammenzuarbeiten und mit ihnen zu kommunizieren, Freude und Sorgen zu teilen. Man schenkt der sozialen Umgebung um sich herum mehr Beachtung und beherrscht außerdem die Entwicklung des fünften Chakra, welches das Streben nach echter Menschlichkeit symbolisiert.

Im Abschnitt zwischen dem 35. und 42. Lebensjahr werden wir angelockt durch alles, was mysteriös oder geheimnisvoll ist. Man hinterfragt den Sinn des Lebens und die eigene Bestimmung im Universum.

Durch die Entwicklung des sechsten Chakras entdeckt man nun seine „übersinnlichen" Kräfte, die eigene Intuition und das spirituelle Wissen in sich selbst.

Die innere Welt der Gefühle ist dann das Wichtigste zwischen dem 42. und 49. Lebensjahr, wenn man sich häufig Fragen über das eigene Leben stellt. In dem Alter erkennen viele Menschen die Vielfalt der mystischen Wege und streben eine intensive spirituelle Entwicklung an. Einige sind bemüht, das Beste aus ihrem Leben zu machen. Im Idealfall entwickelt man sich zum höchsten Niveau und lebt vom Standpunkt des höheren Selbst aus. In dieser Phase kann die spirituelle Erleuchtung erreicht werden. Das ist allerdings nur ein Schema, die Erleuchtung kann auch von jüngeren oder älteren Menschen erfahren werden, je nach Stand ihrer spirituellen Entwicklung.

Oft schließt sich der Kreis, und der Gang durch die Entwicklungsphasen beginnt erneut; man durchlebt dann noch mal alle Situationen, die man nicht verarbeiten konnte und die einen traumatisiert haben.

Einige Menschen zwischen dem 49. und 56. Lebensjahr leiden wieder unter Überlebens-ängsten, da Jüngere scheinbar leistungsfähiger sind und leichter einen Arbeitsplatz finden. Andere, die über 56 Jahre alt sind, erleben die so genannte „zweite Jugend". Sie suchen neue Beziehungen, speziell, wenn sie mit ihrem Leben nicht zufrieden sind oder sie es nicht ertragen können, älter zu werden. Im Optimalfall finden sie Freunde und erweitern in Harmonie ihre Familie und Lebensgemeinschaft.

Viele Menschen über 56 beginnen nochmals ein Studium. Sie schreiben sich beispielsweise im dritten Lebensabschnitt an der Universität ein, weil sie nun endlich Zeit haben für Interessen und Hobbys.

Nach dem 72. Lebensjahr entwickelt sich schließlich das Herz-Chakra zur Vollkommenheit, es steht für die Beziehung zu den Enkelkindern, Kindern und Freunden. Wir treffen gutherzige Großeltern, die von jedem geliebt und später aufrichtig von den Nächsten betrauert werden, wenn sie sterben müssen.

Kurz zusammengefasst kann man sagen: Der erste Entwicklungsschritt ist mit der Sicherheit im Leben verbunden, der zweite mit Beziehungen, der dritte mit der Entwicklung mentaler Möglichkeiten und des Intellekts, der vierte mit der Liebe und dem Mitgefühl, der fünfte mit der menschlichen Vollkommenheit auf Erden, der sechste mit der Entfaltung des spirituellen Erwachens, der siebente mit dem idealen Menschen als geistig entwickelte Persönlichkeit. Und die Entwicklung geht immer weiter. Dieser Gang der Entwicklung ist allgemeingültig, auch der Planet Erde hat genau wie die Menschheit seinen eigenen Kreislauf der Ebenen.

Im Anfangsstadium braucht der Mensch als erstes ein Zuhause und genügend zu Essen. Im zweiten Entwicklungsstadium geht er Beziehungen ein, häufig sehr tiefgreifend, woraus ein soziales Miteinander und Staaten resultieren können. Die Entstehung des dritten Stadiums ist charakterisiert durch die Entwicklung der Wissenschaften und Technik, durch den gewaltigen Fortschritt der materiellen Welt und der neuen Technologien, aber auch durch die Zunahme des Egos, dem rücksichtslosen Streben nach Erfolg und der Aggressionen. Heute leben wir in einem Abschnitt gewaltiger Veränderungen, nämlich in der Zeit der Umwandlung vom dritten zum vierten Stadium der menschlichen Entwicklung. Viele Menschen werden spirituell wach-gerüttelt und wünschen sich eine bessere Welt, so steigt die Zahl der spirituellen und sozialen Bewegungen, getragen durch ein neues Verhältnis zur Natur und zu anderen Menschen. Die Menschen fangen an zu fühlen und die Gefühle mit anderen zu teilen, auf der Suche nach dem Sinn des Lebens. Es scheint, dass sich die Welt immer mehr polarisiert und die „Spreu vom

Weizen getrennt wird". Gute Menschen werden immer besser und ihre Zahl steigt weiter an. Menschen mit falscher Orientierung werden es immer schwieriger haben, aber wenn sie sich dazu entscheiden, haben auch sie die Chance für eine spirituelle Entwicklung. Wir haben alle einen freien Willen und es liegt in unserer Hand, wie wir ihn nutzen. Spirituelle Entfaltung ist dabei das größte Geschenk, das man sich selbst machen kann. Man wählt selbst seinen Platz auf Erden und kann auch nach Möglichkeiten suchen, einen anderen einzunehmen. Auf dem Lebensweg begegnen uns viele Lehrer, Schulen und Menschen und wir durchleben viele verschiedene Situationen. Spirituelle Kenntnis setzt sich folglich wie ein Puzzle zusammen und führt zur Einsicht in die Einfachheit des Universums, dann kann man in Wahrheit leben.

Man kann jedoch die Einfachheit des Universums nur durch vorangehende Studien erreichen, und man braucht Interesse an nichtmateriellen Dingen, bevor man spirituelle Praktiken ausübt oder darin Lebenserfahrung sammeln kann.

Man kann nicht direkt auf den Berggipfel springen, sondern man muss langsam aufsteigen, Schritt für Schritt. Machen Sie sich zu eigen, was Sie dabei gelernt haben, nämlich das Gespür für die Erfahrung und zunehmendes Verständnis: Tragen Sie das Spirituelle in das Materielle hinein, bis das Spirituelle ein natürlicher Bestandteil Ihres Lebens wird, der Ursprung von Kraft und Zufriedenheit. Einfacher gesagt: Wir alle streben nach der spirituellen Entwicklung, nach Glück, nach Wahrheit, nach Klarheit. Doch durch Meditation, physische Übungen, philosophische Studien, richtige Ernährung und die Entschlackung des Körpers kann man nur die erste Stufe auf dem Weg zur Vollkommenheit erreichen. Danach folgen im zweiten Stadium der Umgang mit den Erfahrungen aus der Meditation und das tiefere Verständnis von Lebenssituationen. Im Anschluss daran dann die Entwicklung von besonders sinnlichen Fähigkeiten im dritten Stadium und die Zunahme von heilenden Fähigkeiten im vierten. Im fünften Stadium berührt man die Vollkommenheit, im sechsten macht man die ersten Schritte, um in Harmonie mit dem Universum schöpferisch tätig zu sein ... Es gibt zwölf Stadien auf dem Weg zur Vollkommenheit. Die Schönheit dessen, was kommen wird, kann man vielleicht schon vorher spüren.

Zu jeder Zeit kann man zwischen Licht und Dunkelheit wählen. Wir sind die funkelnden Lichter, der unsterbliche, schwebende Geist im Universum. Erschaffen Sie das Schöne, dann ist das Glück auf Ihrer Seite und Sie erleben die Leichtigkeit des Seins. Früher oder später wird jeder dort hingelangen. Wenn Sie sich wünschen, dass das Leiden auf der Erde ein Ende hat, dann werden auch alle glücklicher werden. Erschaffen Sie sich Ihre Welt des Glücks und der Zufriedenheit mit Hilfe der Liebe, nicht mit den Wünschen des Egos.

Menschliche Verbundenheit
durch Liebe und spirituelle Helfer

Die Liebe ist eine mächtige Kraft des Universums, das Wesen der Schöpfung. Die Liebe und das Licht bilden eine Einheit. Wo es kein Licht gibt, existiert auch keine Liebe, und wo sich das Licht befindet, gibt es auch Liebe. Das Gefühl der Liebe beinhaltet die stille Heiterkeit im Herzen, die innere Gelassenheit und den Frieden. Ihre Kraft ist enorm, Liebe kann Berge versetzen. Die Menschen sind Wesen, die durch Liebe verbunden sind. Sie ist ihr Fundament, ohne Liebe leiden sie an Einsamkeit. Die Seele ist aus Liebe gewebt, sie ist ihr wahres Wesen.

Das Universum ist der Ursprung, die unendliche Summe der kreativen Energie und der Reichtum für jeden. Sagen Sie nein zur Rivalität, nein zum Konkurrenzkampf, nein zum Feind, nein zur Feindschaft, nein zur Gewalttätigkeit und nein zu allen negativen Gefühlen, die den Energiefluss des Kosmos blockieren. Pflegen Sie die Freundschaft und lernen Sie zu kooperieren. Wo die Zusammenarbeit beginnt, beendet das Ego sein Spiel. Es gibt dann keine Rivalität, keinen Konkurrenzkampf, keinen Triumph und keine Täuschung mehr, sie alle sind die Mittel, mit denen das Ego spielt. In Wahrheit sind alle Menschen durch Liebe verbunden, bereit dazu, ihre Energien zu teilen und zum Wohle aller zu arbeiten. Es gibt keine größere Kraft als die

Liebe, und wenn zwei oder mehrere Menschen in Liebe vereint eine Arbeit verrichten, wird die Summe der kreativen Energie unbeschreiblich groß. So kann die Arbeit leichter vollendet werden.

Die gemeinsame Arbeit fördert die Nähe zwischen den Menschen, der offene Austausch der Energien und Informationen basiert auf einer selbstlosen Freundschaft und Liebe. Sie ziehen die positiven Kräfte des Universums an und die Welt kann so verbessert werden.

Die spirituelle Entwicklung zweier sich liebender Menschen mit ähnlichen Schwingungen kann beschleunigt werden, weil sie sich gegenseitig unterstützen und ihre Kraft und Energie so verdoppeln. Die Beziehungen zwischen Eltern und Kindern, den Kindern und Großeltern sind freundschaftlich. Beziehungen zwischen den Menschen am Arbeitsplatz können genauso schön sein. Respektieren Sie die Einzigartigkeit des Menschen und honorieren Sie die Bereitschaft zur Arbeitsteilung und Kooperation.

Die menschliche Welt besteht zunächst aus Beziehungen. Es gibt Interaktionen in der Familie, am Arbeitsplatz, in der Nachbarschaft, in der Partnerschaft und Freundschaft. Manchmal sind sie gut, manchmal sind sie es nicht. Jede Beziehung bewirkt Gefühle. Was passiert, wenn sich an einem bestimmten Ort übermäßiger Druck oder negative Gefühle aufbauen? Es kommt dann zu gesellschaftlichen oder ökologischen Katastrophen. Die Menschen sind dann schockiert von dieser verheerenden Macht und fangen an, neue Werte zu suchen. Sie schätzen wieder neu die Stärke der Freundschaft wie auch die gegenseitige Hilfe und Kooperation, und sie versuchen aufs Neue, Vollkommenheit und Licht zu finden.

Jeder Mensch ist einzigartig, doch alle zusammen bilden das Ganze. Schenkt Liebe und Freundschaft, bekennt Euch gemeinsam zu den spirituellen Ideen, denn sie gehören nicht Einzelpersonen allein, sie gehören zu jedem.

Wo die Ideen von der Liebe losgelöst werden, herrscht die Gewalt. Jede menschliche Tätigkeit in allen Bereichen, an allen Schulen und alle Lehren sind gut, wenn sie dem Menschen helfen, sich selbst zu verstehen und den Sinn seines Daseins zu erkennen.

Die Menschen sollten wieder die Wesen des Lichts und der Liebe werden, wie sie es seit Urzeiten waren, und gemeinsam ihre Aufgaben nach Gottes Plan verrichten. Wenn die Seele sich wieder mit ihrem Ursprung vereint, verliert sie nicht ihre Einzigartigkeit, sondern wird in ihrer Ganzheit existieren. „Die Welt hat Liebe", Liebe ist in der Welt, sagen die Worte eines bekannten Liedes. Besinnen wir uns wieder auf Christus und er wird uns durch das Leiden zum Licht führen. Die Liebe ist die grundlegende Energie des Universums, das Wesen der Schöpfung, welches wir benutzen können für die Schöpfung unserer Welt, unserer Realität.

Wir sind hier, um zu lernen, wie wir uns und andere lieben können, um die Polarität des Planeten ertragen zu können, wie wir uns gegenseitig achten können und wie man die enorme Kraft des Schöpfers nutzen kann, um das Schöne durch die Freude an der Schöpfung zu erschaffen. Das Wesen des Lebens ist Liebe und Glück; Liebe stellt Energie zur Verfügung und kann so Menschen bei Ihrer Genesung helfen. Jeder von uns hat diesen Wunsch nach Liebe in sich und trägt Liebe tief in seinem Herzen. Auf dem Grund jedes menschlichen Herzens brennt die Flamme von unsterblicher Liebe, der Ursprung unserer Lebenskraft. Sie verbindet den Menschen mit der Ewigkeit wie auch mit dem Schöpfer, der die reine Schwingung des Lichtes der Liebe ist: Von dort stammt unsere Seele und dort kehrt sie zurück. Die Menschen sind das Licht auf dem Pfad, ewiger Geist, der durch das Universum schwebt. Wir sind nicht allein. Das Universum ist multidimensional und voll von Leben: Einige sind vor uns den Weg der Erleuchtung gegangen und wurden reines Licht. Einige von ihnen führen uns auf dem Weg durch die Welt als spirituelle Lehrer, um uns zu schützen und zu helfen.

Wer sind diese spirituellen Wegbegleiter? Sie sind reine Energie der hohen Schwingungen. Sie können eine Form annehmen, die es ihnen ermöglicht, sich mit unserem Bewusstsein zu verbinden und mit uns zu kommunizieren. Man kann sie beispielsweise als Engel sehen, als spirituelle Meister, als reines Licht. Sie können dabei helfen, Konflikte und Probleme zu lösen nur durch ihre Präsenz, weil sie mit der höchsten Quelle der Informationen in Verbindung stehen.

Einer dieser Wegbegleiter ist dabei unser „Seelenverwandter". Wenn eine Seele auf der Erde lebt, kann ihr Seelenpartner ihr aus der anderen Dimension helfen und umgekehrt. Wenn der Wunsch nach Vereinigung der beiden Seelen sehr stark ist, kann es vorkommen, dass sie zusammen auf der Erde geboren werden. Wenn sie sich dann auf der Erde treffen, erkennen sie sich sofort und halten ihr Leben lang fest zusammen.

Unsere Engel begleiten uns von der Geburt bis zum Tod unseres weltlichen Lebens: Nehmen Sie ihre Nähe wahr, fühlen Sie die Anwesenheit dieser herrlichen Energien und kommunizieren Sie mit ihnen, es wird Ihnen gut tun. Wenn man Kontakt mit ihnen aufnimmt, werden sie uns den richtigen Weg zeigen. Freudige Ereignisse werden dann im Leben passieren, man wird glücklicher und von Licht erleuchtet.

Beziehungen – Energiekreise der Liebe

W ir leben auf dem schönen *Blauen Planeten*. Jeder lebt in seiner Realität mit seinen Liebesbeziehungen, seinen Freundschaften, mit seinen eigenen Höhen und Tiefen. Der Mensch lebt durch Beziehungen: Sie sind mal besser, mal schlechter oder zufriedenstellend. Wie weit man sich auch aus seiner Umgebung entfernt, es gibt immer jemanden, der auf uns warten würde, der uns suchen und sich an uns erinnern würde. Das menschliche Leben basiert zu allererst auf Beziehungen. Sie sind die beste Schule für unsere Einstellung zum Leben, man lernt durch sie, Verantwortung im Leben zu übernehmen. Wir sind es selbst, die die Realität durch Gedanken, Gefühle und Einstellungen erschaffen.

All unsere zwischenmenschlichen Beziehungen haben einen höheren Sinn und ihren Platz in unserem Karma (Karma: Sanskrit: das den Menschen bestimmende Schicksal). Man kann sagen, dass Beziehungen die wichtigsten Elemente im Leben sind, von denen man immer wieder lernen kann. Sie können uns Rückhalt geben, indem sie uns das Gefühl von Sicherheit geben. Unsere Mitmenschen können uns jedoch auch einen Spiegel vorhalten und uns lehren, stärker zu werden, unser inneres Licht wahrzunehmen, uns selbst anzuerkennen und nicht der Schwäche und Manipulation zu verfallen. Beziehungen zu anderen Menschen können uns ebenfalls lehren, verantwortungsvoll mit unserem Leben umzugehen, herauszufinden, was wir nicht mögen und was gut für uns ist. Halten Sie Dinge, die Ihnen schaden, von sich fern! Die Beziehungen lehren uns zu lieben, Mitgefühl für andere aufzubringen, ihnen zu vergeben und sie zu achten. Können wir noch auf andere Weise all dies lernen? Die Welt ist die Schule der Seelen, deswegen sollte man als erstes geistige und spirituelle Beziehungen aufbauen. Die Seelen sind schwingende, elektromagnetische Felder, die herbeiziehen können, wonach man dürstet und sich sehnt, die aber auch fernhalten können, was einem nicht gut tut.

Im Leben sind alle auf der Suche nach der Liebe, dem Seelenkameraden, den der Mensch braucht, um sich nicht allein zu fühlen. Im tiefsten Herzen wollen alle Menschen das Geheimnis des Lebens durch Verbundenheit mit anderen erfahren. Im Wesentlichen sehnen die Menschen sich nach der spirituellen Liebe, der Sicherheit und Geborgenheit, weil sie hier auf Erden weit von der Lichtquelle entfernt sind. Im Unterbewusstsein suchen alle nach der wahren Liebe zu einem Partner. Wenn man gute Verbindungen zu Mitmenschen aufbauen möchte, muss man als erstes idealisierte Vorstellungen aufgeben. Das Leben lehrt den Menschen die Fähigkeit, Beziehungen zu anderen aufzubauen, und bietet die Chance, spirituell zu wachsen. Im Kontakt zu anderen Menschen kann der Mensch sich am schnellsten spirituell entwickeln. Man sollte versuchen, sich mehr auf den höheren Sinn der Dinge zu konzentrieren und so das Wesen der Seele zu erkennen. Echte Liebe existiert nur auf der Ebene der Seelen. Kein irdischer Mensch kann alle Erwartungen, die man an ihn stellt, erfüllen.

Jeder Mensch ist beeinflusst und bestimmt durch genetische Veranlagung, das Karma der Familie und seine persönlichen Erfahrungen. Es gibt eine goldene Regel für eine gute Beziehung, die immer gilt: Denke nie irgendetwas Schlechtes über den Partner oder die Partnerin, auch wenn es von außen betrachtet richtig zu sein scheint. Die Situation kann anders aussehen, doch man kann sich leicht täuschen. Der Zufall bringt manchmal ungünstige Umstände mit sich, sodass man nicht gleich die Wahrheit erkennen kann. Geben Sie sich und Ihrem Partner die Zeit,

spirituell =

alles in Ruhe nachzuvollziehen, nicht nur mit dem Verstand, sondern auch mit dem Herzen. Alle Menschen tragen doch ein vollkommenes Bild des Partners, den sie lieben, in sich. Man hat sich einmal für eine/n Partner/in entschieden, mit dem/der man leben möchte. Verschwenden Sie keine Energie für negative Gedanken, sondern richten Sie Ihren Blick auf das Gute, auf das, was das Wesen der Seele ausmacht. In tiefer Meditation kann man dem Partner/der Partnerin Licht und Liebe schicken und dadurch das Gute und Schöne in der Partnerschaft stärken. Oftmals genügt das, um Missverständnisse zu klären und Krisen auf wundersame Weise zu bewältigen.

Das Universum wünscht jedem Liebe und will alle dabei unterstützen. Mittelalterliche Kelten, unsere Vorfahren, schätzten die reine Liebe der Seelen und würdigten die Freundschaft sehr. Wahre Liebe zwischen Partnern kann nicht ohne echte Freundschaft der Seelen existieren. Für die wahre Liebe hatten die Kelten eine schöne Bezeichnung: „Anam Çara" (Seelenfreund). In diesem Sinne können alle Beziehungen zu Mitmenschen verbessert werden, egal, ob ein direkter Kontakt zu der Person besteht oder nicht. Der Weg zu einem erfüllten Verhältnis zu Mitmenschen führt über die Einsicht in den höheren Sinn des Lebens, der Gefühle, dem Willen zu lernen und auch verwundbar zu sein. Man muss es schaffen, die Menschen so zu lieben, wie sie sind und nicht, wie sie aus unserer Sicht sein sollten, entsprechend der idealisierten Vorstellung von ihnen, die man im Inneren hat. Dies ist das größte Geschenk, welches man seinen Mitmenschen machen kann, da sie sich so am besten entwickeln können. Jede Mutter sollte ihrem Kind Vertrauen schenken und in sich zwar die Vorstellung eines perfekten Kindes tragen, es aber gleichzeitig so annehmen und lieben, wie es zum jetzigen Zeitpunkt ist. Der Lebenspartner, der Freund, die Eltern aber auch das Kind kann unser Seelenpartner sein.

Die Entscheidung, welche Seelen wir anziehen, ist unsere, oftmals merken wir das gar nicht. Man kann zusammen mit Seelen leben, die spirituell gesehen jünger oder älter sein können, oder sich auf der gleichen Ebene befinden wie man selbst. Jede Beziehung ist eine neue Chance für die spirituelle Entwicklung.

Die Ordnung des Universums besteht aus konzentrischen Kreisen, Kreis und Spirale sind die zentralen Formen im Kosmos. Unsere Vorfahren wussten seit Urzeiten, dass die Zeit nicht linear, sondern kreisförmig ist. Sie handelten nach den Zeichen der Sterne und der Natur. Sie kannten den Kreislauf von Tod und Wiedergeburt, des Karmas und der Reinkarnation. Sie glaubten an die Unsterblichkeit des Geistes. Sie beobachteten die immer wiederkehrenden Jahreszeiten, Tage und Nächte, den kreisförmigen Zyklus des menschlichen Lebens. Die Menschen leben in einem kreisförmigen Zyklus so wie die Natur auch. Ihre Verbindungen bilden Energiekreise und

Reinkarnation =

ermöglichen so den Austausch der Energie und der Informationen. Solange die Menschen in dissonanten (lateinisch: dis= „unterschiedlich, auseinander" und sonare= „klingen") Beziehungen leben, wird die Lebensenergie abnehmen. Erst wenn man den Kreislauf durchwandert und diese Strukturen erkennt, wenn man bereit ist zu vergeben, sich selbst zu befreien und anderen die Freiheit zu schenken, werden sich die Energieblockaden auflösen. Es macht nichts, ob der Partner uns vergibt oder nicht; wenn man selbst vergibt, schließt sich der Kreis, man versteht die Situation und entscheidet, ob man gehen oder bleiben will. Man muss die Situation dann nicht erneut durchleben. Falls der Partner nicht bereit ist zu vergeben, muss er die gleiche Situation mit einer anderen Person wieder durchleben.

Die Partnerschaft kann nur gerettet werden, wenn die Liebe von beiden Seiten vorhanden ist, wie es am Anfang war. Wenn die Liebe nicht von Anfang an beiderseits da war und die Kluft zwischen den Partnern immer größer wird, wird der Streit bald Einzug halten, und es gibt keine Macht der Welt, die solch eine Beziehung noch aufrechterhalten kann. Dann ist es notwendig, die Beziehung zu beenden, alles hinter sich zu lassen und aufzubrechen in eine andere Welt, ohne negative Belastung. Man muss sich aus der karmischen Verstrickung befreien, denn was man daraus lernen sollte, ist abgeschlossen. Es ist dann an der Zeit, den Pfad zum Licht weiterzugehen. Das Universum hält viele Möglichkeiten für uns bereit. Seit Urzeiten ist die Liebe die fundamentale Energie des Universums, das Wesen des Lebens auf Erden und des Kosmos. Lassen Sie uns lernen zu lieben, uns gegenseitig zu respektieren und unsere eigene Unvollkommenheit anzunehmen, denn wir können anderen nur vergeben, wenn wir uns selbst vergeben können. Wenn spirituelle Menschen in sich selbst Liebe und Dankbarkeit verspüren, geben sie sie auch an andere weiter. Wer glücklich ist, beneidet nicht das Glück anderer, sondern möchte sein eigenes Glück teilen. Der wirklich glückliche und kreative Mensch denkt gar nicht daran, jemandem etwas zu missgönnen, ihn nachzuahmen oder über ihn zu urteilen. Im Gegenteil, so ein Mensch sprudelt über vor Glück und möchte davon etwas an andere abgeben.

Es ist wirklich sehr wichtig, Zeit für die innere Welt der Gefühle zu haben. Jede aufrichtige Bemühung im spirituellen Wachstum bringt als Lohn stärkere Gefühle der Freude, des Friedens, des Glücks und der Freude am Leben. Wenn man seine wirkliche Aufgabe im Leben findet, entkommt man dem Konkurrenzkampf und dem Neid. Niemand sollte mehr mit anderen wetteifern. Alle Menschen sind einzigartig und haben einzigartige Aufgaben, die sie für die Ganzheit erfüllen müssen.

An diesem Punkt ist der „moderne Vampirismus" (das Gewinnen von Stärke durch Aufsaugen fremder Energien) in Beziehungen erwähnen. In meiner Praxis treffe ich viele nette, hübsche Menschen, die unter dem negativen Druck anderer leiden, was sich auch in ihrer Energie zeigt. Sie verlieren sich selbst, fühlen sich müde, kraftlos und sind unzufrieden mit ihrem Leben. Andere Menschen, die nicht kreativ sind, aber missgünstig und denen das Vertrauen fehlt, versuchen sich irgendwo einzuschleichen. Die meisten tun es leise, verstohlen, drehen Spinnennetze um andere Personen, führen kluge Gespräche und wollen ihnen scheinbar helfen. Wenn man es plötzlich bemerkt, sind sie keine Freunde mehr, sie wollen nehmen, ohne zu geben. Wenn man sich nicht auf ihr Spiel einlässt, verfallen sie oft in die Rolle des Opfers.

Es gibt außerdem Menschen, die immer die Aufmerksamkeit aller auf sich ziehen wollen und dabei den Mitmenschen Energien rauben. Was soll man mit ihnen machen? Man sollte sich auf sich selbst konzentrieren und sich nicht manipulieren lassen. Seien Sie liebevoll, aber streng. Wenn man ihnen hilft zu erkennen, dass dieses Verhalten sie von ihren wirklichen Wünschen entfernt, tun wir ihnen einen Gefallen. Wenn sie sich wünschen, so zu sein wie wir, sollten sie zuerst ehrlich, vertrauenswürdig und aufrichtig werden, denn erst danach können diese Menschen herausfinden, was ihre wirklichen Ziele und Wünsche sind.

Was können wir tun, um einen hohen Energiezustand zu erreichen? In tiefer Meditation fokussiert unser Herz und unser Geist das Licht der Liebe, der ganze Körper wird angefüllt mit Liebe. Mit diesem Licht kann man das Schlechte aus dem Leben verdrängen. Lassen Sie uns gemeinsam eine Sphäre der Liebe schaffen, in der nur Menschen sind, die uns lieben.

Zum Schluss habe ich noch einen Rat für Sie. Machen Sie sich über solche Menschen, die sich selbst aufgegeben haben, keine Sorgen, richten Sie nicht über sie, auch ihre Zeit wird einmal kommen! Lieben Sie sie, aber akzeptieren Sie nicht ihren Lebensweg. Es gibt keine Seele, die in Gottes Schöpfung verloren geht. Jeder muss seine eigenen Erfahrungen mit der Polarität der Welt sammeln, um alle menschlichen Gefühle kennen zu lernen. Der Lebensweg ist jedem selbst überlassen, denn alle Menschen haben den freien Willen vom Schöpfer geschenkt bekommen, deswegen wird er sich auch nicht mehr einmischen. Er liebt uns und es ist unsere Sicherheit, dass wir alle eines Tages heimkehren werden. Lassen Sie uns versuchen, so wie er zu sein. Liebe wird dabei am meisten helfen. Die Zeit der Finsternis ist vorbei, die Zeit des Lichts wird kommen. Verlieren Sie nie Ihren Glauben, Ihr Vertrauen! Bewahren Sie Ihre Liebe wie auch Ihr Licht und Ihre Freude im Herzen! Vom Licht sind wir gekommen, zum Licht schauen wir hin.

Die Natur ist unsere große Lehrerin, Mutter und Wächterin des Lebens

D as Reich der Pflanzen ist das älteste dieser Welt, gefolgt vom Tierreich und dem Reich der Menschheit, das jüngste auf Erden. Gottes Wille war es, dass der Mensch der Gärtner der Erde werden sollte. Die Menschen sollten deshalb nicht die vollkommene Schöpfung analysieren oder Genmanipulation betreiben, sondern der Natur Liebe schenken und die Verletzungen heilen, die der Mensch ihr im Laufe der Zeit zugefügt hat. Die Liebe zum schönen Planeten, zum Schöpfer, zum Universum und zu uns selbst kann helfen, die Welt zu verbessern und wieder in ein Gleichgewicht zu bringen. Die Welt könnte wieder freundlicher werden, die Menschen könnten in ihren Häusern inmitten von wunderschönen Gärten leben, geborgen in einer glücklichen Welt.

Der Wunsch der Menschheit, über den Planeten zu verfügen und ihn zu kontrollieren, anstatt zur Natur zurückzukehren, ist so weit vorangeschritten, dass mittlerweile genmanipulierte Pflanzen getestet werden, die Schwermetalle aus dem

Boden ziehen können. Es ist schon fünf vor zwölf, um sich zu besinnen und zurück zur Natur zu kehren. Alle Bedrohungen, die von der Genmanipulation ausgehen könnten, sind selbst für Wissenschaftler nicht bekannt und sie schlagen daher öffentlich Alarm. Heute weiß noch niemand, was passieren wird, wenn unser Planet durch Genmanipulation mehr und mehr bestimmt würde, und auch nicht, welche Auswirkungen das auf die menschliche Gesundheit haben wird.

Stellen wir uns folgende Fragen: Wohin entweicht die menschliche Energie? Warum fügt sich die Menschheit noch mehr Leid zu? Die Kräfte der Menschheit entschwinden, weil die Menschen Lebensenergie auf tote Dinge übertragen, die aus ihrer Unwissenheit heraus entstanden sind. Die Wissenschaft der Medizin befindet sich auf einem hohen Niveau und die Statistiken zeigen uns, dass sich die Lebenserwartung beim Menschen immer mehr verlängert. Doch was für ein Leben verlängert sich? Das Leben von biologischen Robotern in einer künstlichen Welt, und nicht das Leben von aktiven und kreativen Menschen; verlängert wird nur das Leben des materiellen Körpers ohne die schöpferische Kraft des Menschen, abgesehen von einigen Ausnahmen.

Was sind das für Ausnahmen? Fast immer handelt es sich um Menschen mit einem großen Herzen für andere, die mitfühlend sind, Optimisten, die die Welt lieben. Sie können Kraft aus der Erde ziehen, oft reisen sie gerne oder arbeiten gerne im Garten. Sie lieben es, sich in der Natur sportlich zu betätigen. Sie mögen weder eine künstliche Umwelt, noch die virtuelle Welt des Fernsehens. Sie sind Naturfreunde mit heiterem Gemüt, oft menschlich weit entwickelt, die das Leben, die Natur und Menschen lieben. Oftmals widmen sie ihr Leben der Kunst, der Lehre, arbeiten für den Nutzen der Gesellschaft, kulturell, moralisch, künstlerisch und für die spirituelle Weiterentwicklung, weil sie an eine bessere Welt glauben. Die erfolgreichen und glücklichen Menschen, die ich in meinem Leben getroffen habe, waren immer gläubig. Warum wünschen sich die meisten Leute, in einem Haus mit Garten zu leben? Nicht aufgrund des Besitzes, nein, sie fühlen tief in ihrem Inneren das Bedürfnis, von der Energie der Erde umgeben zu sein, inmitten der Natur zu leben, die uns Kraft gibt. Es ist allgemein bekannt, dass Menschen in Städten ohne Bäume öfter krank und müde sind. Während der Planungen dieser Siedlungen überwiegt der wirtschaftliche Gesichtspunkt, die Energien der Luft, der unterirdischen Ströme und Störungsfelder der Erdenergien, die negativ auf Menschen wirken können, werden dabei ignoriert.

Wenn der Mensch immer materialistischer wird, werden seine übersinnlichen Fähigkeiten, wie zum Beispiel das Fühlen der Erdenergie, um den richtigen Platz zum Leben zu finden und sich gesund zu ernähren, blockiert. Der Mensch hat vergessen, dass sein eigenes elektromagnetisches Feld durch das der Erde, der Planeten und durch seine Umwelt beeinflusst wird.

Er ignoriert die Erfahrungen und das Wissen der Menschheit, das tausende von Jahren alt ist. Mittelalterliche Kelten, unsere Vorfahren, die in unserem Gebiet gelebt haben, entwickelten eine Gesellschaftsform, die auf der Einheit mit der Natur und dem Kosmos beruhte. Die Kultur, aus der unsere hervorgegangen ist, ist die der Kelten, die auf einem spirituellen Verhältnis zum Leben und dem Glauben an die Harmonie im Universum beruhte. Diese natürliche Kultur wurde durch Druiden, Künstler, Heiler, Kräuterkenner und jenen aufgebaut, die die Kenntnis von heilenden Kräften des Universums hatten. Leider hinterließen sie keine schriftlichen Aufzeichnungen, weil sie nur an der nicht-materiellen Welt, die hinter den materiellen Formen steht, interessiert waren. Diese Welt war für sie die entscheidende Welt. Sie haben das Leben in Gemeinschaften einge- führt, was für zweitausend Jahre in nahezu allen Gebieten Europas florierte. In der Tat wurden alle uns bekannten Aufzeichnungen von den Römern gemacht, den Feinden der Kelten, die niemals ihr anderes Weltbild akzeptiert hat.

Es ist bekannt, dass die Römer die Kelten als Barbaren bezeichnet haben, aber es ist nicht sehr bekannt, dass die Kelten geschickte Handwerker, Juweliere, gute Händler, Heiler und Künst- ler gewesen sind. Die keltische Gesellschaft wurde durch spirituell erleuchtete Druiden geleitet und gelenkt. Sie vollzogen ihre Rituale direkt in der Natur auf Kraftplätzen der Erde, in natür- lichen Tempeln, meist im Frühling. Die Quellen, die Bäume – die ganze Natur war heilig für sie. Sie lernten viel über das Leben und die Gesundheit der Natur. Sie wussten, wann die Kräuter zu sammeln waren, damit sie ihre heilenden Kräfte entfalten konnten. Sie beobachteten die- se Pflanzen ähnlich wie einen Menschen, der für sein feines Wachstum ein spezifisches Umfeld braucht. Daher bauten sie nie Heilpflanzen an, sondern sammelten sie an ihren natürlichen Stel- len, zu einer ganz bestimmten Zeit, abhängig von dem Stand der Sterne. Sie wussten, dass al- les miteinander verknüpft ist und dass uns die kosmischen Energien genauso beeinflussen wie die der Natur. Diese Pflanzenkenner wussten auch, dass einige Pflanzen besser wachsen, wenn man sie bei zunehmendem Mond setzt. Sie wussten auch, welche Pflanzen neben einander ge- pflanzt werden müssen, damit sie einen natürlichen Schutz aufbauen können. Die Kelten ha- ben die unterschiedlichen Energien der Planeten, der Pflanzen, der Quellen, der Bäume und der Berge gespürt und versucht, ihnen Namen zu geben. Aus diesem Bedürfnis heraus entstanden die Märchen und Mythen über Nymphen, Elfen und Götter. Die gesellschaftliche Schicht der erleuchteten Menschen bestand aus Druiden, Barden (keltische Sänger) und den Filid (aus dem Irischen: Singular fili, Plural filid „Dichter"), welche exzellente Künstler waren. Unsere Vorfahren waren keine Heiden, sondern tiefsinnige Verehrer. Die Poesie, die Schönheit, die symbiotische

Beziehung mit der Natur, der tiefe Glaube an die Ewigkeit, all diese wunderbaren Dinge haben unsere Vorfahren von Geburt an bis zum Tod beachtet und beherzigt. Die keltische Geschichte ist immer noch durch viele Geheimnisse geprägt. Aber bekannt ist: Die Kelten waren eine hoch entwickelte Zivilisation mit einer einzigartigen Kultur, mit einem unnachahmlichem künstlerischen Stil, welcher sich in ihrem täglichen Leben wie in der Architektur und der Kunst gezeigt hat. Ihr Denken, ihre Gefühle, der tiefe Glaube, Kreativität, Mut und Lebensfreude beeinflusste viele Nationen auch außerhalb Europas. Die griechische und römische Kultur mit ihrem Körperkult haben wir nur übernommen.

Alles Leben auf Erden erfreut sich an Gottes Schöpfung, an der Sonne, dem Wasser, der Luft, der Landschaft. Wenn man das Leben der Tiere beobachtet, kann man viel lernen. Die Tiere kennen keine Gefühle der Einsamkeit und Furcht, als wenn sie ein natürliches Prinzip der Selbsterhaltung hätten. Wenn die Gefahr für sie vorbei ist, haben sie auch keine Sorgen mehr. In jedem Augenblick ist ihnen bewusst, dass sie geliebt werden, und dies ist der Grund, warum sie nicht von der Liebe irgendjemand anderem abhängig sind. Sie leben jetzt und für die Liebe, sie kennen keinen Zeitdruck, das Planen von Dingen und scheitern daher auch nicht. Sie leben erfüllt, weil sie die alltägliche Realität akzeptieren und immer das Beste aus allem machen. Sie folgen ihrer Intuition, so machen sie immer das, was zu tun ist. Sie entwickeln sich mit der Menschheit übereinstimmend in einem genau festgelegten Plan. Sie leben in Einklang mit ihrem Inneren, sie haben keinen zergliedernden Verstand, der sie blockieren könnte. Sie haben auch Seelen, aber sie sind anders als die der Menschen. Sie gehören zu einem anderen evolutionären Fluss. Das Pflanzenreich, Tiere und Mineralien arbeiten daran, den Planeten zu reinigen. Darf die Menschheit tun, was sie will, und darf sie von sich behaupten, der Herrgott der Schöpfung zu sein?

Die Menschheit glaubt von sich, die einzige intelligente Spezies des Universums zu sein. Wenn man Tiere beobachtet, wie sie ohne menschliches Eingreifen aufwachsen, einen natürlichen Rhythmus des Lebens und Verhältnis zur Natur entwickeln, könnte man Zweifel am Intellekt der Menschen bekommen. Was Menschen und Tiere aber wesentlich unterscheidet, ist die Willensfreiheit, denn der Platz des Menschen in der Schöpfung ist ein besonderer. Doch das menschliche Ego lenkt meistens den Verstand und erzeugt Druck, Nervosität und Stress. Es treibt ihn dazu, mehr Macht anzustreben und gefühllos zu handeln. Begründet durch eine kurzsichtige egoistische Verhaltensweise, mischt der Mensch sich auf unsensible Art in den biologischen Bereich des Planeten ein, verschlechtert die Umwelt, verändert das Wetter und die Jahreszeiten; er selbst wird das Opfer dieser Veränderungen sein.

In der Natur sind genug Ressourcen für alle da. Macht, Geld und selbst-zerstörender Ego-ismus behindern den Abbau natürlicher Energiequellen. Um auf der Erde glücklich und harmo-nisch zu leben, ist es unumgänglich, zur Natur zurückzukehren, da wir ein Teil von ihr sind. Um in Harmonie mit der Kraft des Universums zu leben, unseren Verstand sowie die kreativen Mög-lichkeiten zu nutzen, muss man das Schöne erschaffen. Das stillt unser inneres Bedürfnis und bringt uns zum Licht. Das Leben auf der Erde ist ohne die Natur unmöglich. Sie ist unsere große Beschützerin, Mutter und Lehrerin. Man kann mit ihren Energien spielen, neue Dinge erschaffen, aber alles sollte dabei dem Leben dienlich sein.

Pflanzen, Tiere und Mineralien können die Menschen unterstützen. Sie schaffen einen herr-lichen Raum der Liebe und der Erfüllung um uns herum im Abenteuer Leben. Die Natur nimmt die Menschen in ihre Arme, sorgt für sie und heilt sie.

Das Königreich der Tiere zeigt uns viele verschiedene Gesellschaftsformen. Um dies wahr-zunehmen und daraus seine Erkenntnisse zu ziehen, muss der Mensch seine Haltung gegenüber der Natur ändern. Unsere Körper sind Geschenke von Mutter Erde und werden eines Tages zu ihr zurückkehren, sie sind in ihrer Obhut. Obwohl unser Geist ewig ist, gehört er zu uns und wir zum Schöpfer. Lassen Sie uns der Natur Liebe zurückgeben. Bauen wir Parkanlagen und Gärten und darin die Gebäude in Harmonie mit der Umwelt. Parkanlagen und Gärten sind die schönsten Dinge, die der Mensch in der Zivilisation hervorgebracht hat. Wenn man Pflanzen mit eigenen Händen setzt, kann man die Kraft der Erde, des wunderschönen blauen Planeten, der Perle des Universums verspüren. Gott liebt und bewacht sie wie wir. Führt die Kinder an die Natur heran und bringt ihnen alles über die Pflanzen und Bäume bei. Erzählt ihnen alles über den Schöpfer, die Menschen, die Tiere und die Welt. Sie werden in ihr gesünder und glücklicher aufwachsen und die Welt wird es auch werden.

Altes keltisches Energieritual

Diejenigen, die etwas von der Mystik unserer Vorfahren erfahren wollen, sollten eines ihrer Rituale kennen lernen. In der Meditation, entspannt mit geschlossenen Augen, mit dem Gefühl der Ehrfurcht im Hinblick auf die Kraft der Schöpfung, können Sie im Geist dieses heilige Ritual durchführen. Um die Stärke der Energien zu spüren, müssen Sie sich diese vorstellen und tief im Inneren spüren. Die bildliche Vorstellung hilft dabei, sich mit der Kraft des Universums und dem Sternensystem zu verbinden. Unser Herz ist der Schlüssel, der die Tür zu höheren Energien und zur spirituellen Welt öffnet. Daher sollten Sie versuchen, alles mit Liebe zu tun. Nur so kann das Gedicht zusammen mit Mystik und Glaube als Ritual wirken und dabei Ihren Körper und Ihren Geist stärken.

Ich behüte mich selbst durch den sicheren Kreis der Kräfte, die mich schützen:

die große Sphäre,
die scheinende Sonne,
der leuchtende Mond,
das majestätische Feuer,
die flackernden Blitze,
die stürmischen Winde,
die tiefe See,
die ruhige Erde,
der feste Stein.

Vom Höchsten bis zum Tiefsten umarmt mich die Liebe und die Geborgenheit. Ich bin das Kind des Himmels und der Erde, geliebt, beschützt, frei, stark im Geist und im Körper.

Abschließend gestatten Sie mir bitte einen Hinweis. Danken Sie zum Schluss allen Kräften, an die Sie sich gewandt haben. Es handelt sich dabei um einen Akt der Ehrfurcht und Dankbarkeit und wirkt auch als Schutz für Sie.

Ein Wort zum Thema Lehrer

Lehrer zu sein, ist ein großes Geschenk. Lehrer geben ein Teil von sich selbst, ihre Lebenserfahrungen, ihre Freude und ihre Erfolge als Ausdruck der Liebe an diejenigen weiter, die es brauchen. Als erstes sind da die Kinder. Unsere Kinder sind wie wir im Wesen die Geschöpfe des Lichts und der Liebe. Tief in ihrem Innern tragen sie die Weisheit des Schöpfers in sich. Die Aufgabe des Lehrers ist es, ihnen zu helfen, dieses innere Wesen zu erkennen, damit es sich zur Vollkommenheit entfalten kann. Unsere Vorfahren und deren spirituelle Lehrer brauchten nichts zu schreiben, mussten ihren Geist nicht mit überflüssigen Informationen überlasten, sie mussten nicht mit anderen wetteifern, nicht mehr als andere wissen. Sie konkurrierten nicht mit anderen und mussten nicht mehr als andere darstellen; in dieser Gesellschaft hatte jeder seinen Platz und seine Aufgabe. Der Lehrer vermittelte dem Schüler das

Wissen mündlich, häufig in Form von Gedichten oder Liedern. Sie entdeckten aber das grundlegende Prinzip der Erziehung: Der Mensch erinnert sich nur an das, was er mit seinem Herzen nachempfinden kann, was ihn bewegt und innerlich berührt. Das behält er für immer in sich. Jeder Mensch auf der Erde hat seine individuelle Bestimmung, das Wissen davon braucht er, um sich kontinuierlich dorthin zu entwickeln. Der Mensch sollte sich kreativ entfalten, lernen und studieren, was sein Inneres bewegt, wenn er die Möglichkeit hat, darüber frei zu entscheiden. Er sollte seine Talente fördern, um sie selbst zu nutzen und sie in den Dienst der Ganzheit zu stellen.

Wenn ich mit Lehrern spreche, sagen sie mir oft, dass etwas verändert werden muss. Das Bildungssystem? Regeln? Was tatsächlich? Wir überfordern die Kinder durch eine Menge Informationen, die für sie nicht von Interesse sind, und zwingen sie dazu, sich diese zu merken. Sie müssen den Stress von Strafen und Fehlschlägen ertragen, lange Stunden in einem Raum auf der gleichen Stelle sitzen und zu einer ganz bestimmten Zeit essen. Wenn sie während der Unterrichtsstunden hungrig oder durstig sind, haben sie Pech gehabt und sie müssen bis zum Ende aushalten, da die Regeln es so bestimmen. Warum kann man nicht die natürlichen Bedürfnisse der Kinder respektieren und sie wie Menschen behandeln? Sie sind doch nur klein! Unter Strafandrohung lehren wir ihnen, ihre Bedürfnisse und Meinungen zu unterdrücken.

Einmal fragte mich meine kleine Tochter: „Mama, warum sagt die Lehrerin in der Schule, dass die Natur sich aufspaltet in lebendig und leblos, obwohl sie doch ein Ganzes ist?" In ihrem Zimmer hat sie sich dann Zeit genommen, die Schwingungen verschiedener Steine zu spüren.

Als Wissenschaftler vor langer Zeit den kleinsten Teil der Materie spalten wollten, konnten sie beweisen, dass Materie nur vibrierende Energie ist, die eine bestimmte Information trägt. Stellen wir uns folgende Frage: Warum hören wir nicht auf unsere Kindern, die uns vieles lehren könnten? Während der vielen Schuljahre tragen sie viele Weisheiten und allgemeingültige Kenntnisse in sich. Ihr Gehirn schwingt auf einer ruhigen Alpha-Ebene (Welle), aber nur solange, bis wir sie dazu bringen, die Welt logisch zu betrachten und auf Kreativität zu verzichten. Sie wissen schon vorher alle wichtigen Dinge, die wir ihnen beibringen möchten. Als die Älteren sind wir dazu da, ihnen zu helfen sich zu erinnern, die richtigen Entscheidungen zwischen den zwei Prinzipien der Welt, zwischen ihren Polen zu treffen, und ihre Aufgabe zu finden. Sie werden von alleine das Wissen suchen, das sie dafür brauchen.

Wir alle werden minütlich „bombardiert" mit einer überflüssigen Menge von wertlosen Informationen, sodass viele gar nicht mehr wissen, was schöpferische Ruhe ist. Sie haben keine Zeit und keinen Platz dafür, weil sie dem Schema eines hektischen Lebens unterliegen, sie sind oft abgestumpft und müde durch Aktivitäten, die sie seit ihrer Kindheit ausführen mussten. Wer unterrichtet tatsächlich und wie unsere Kinder? Wenn es ein weiser Mann ist, der das Leben versteht und es liebt, der sanft ist, glücklich ist auf der Welt zu sein, der gerne an der Schule ist, weil er Kinder liebt, solche Lehrer verdienen unsere Hochachtung und unseren Respekt. Was für ein Lehrer sollte es sein? Er sollte das Wachstum der Kinder unterstützen, da er in sich die

Fülle des Lebens, verschmolzen mit Verständnis, tragen sollte. Deswegen handelt er nach natürlichen Grundsätzen. Er besitzt die Fähigkeit, Kinder fürs Lernen zu begeistern. Er lehrt, dass die Welt ein sicherer Ort unbegrenzter Möglichkeiten ist und dass die Erfüllung aus der Bereitschaft zu geben und zu teilen entsteht. Dies erkennen die Kinder nicht durch Zwang, sondern durch ihr erwachtes Interesse an den Strukturen der Welt. Er lehrt, dass die Zusammenarbeit untereinander durch Teilen und Geben geprägt ist und dass schöpferische Tätigkeiten von Erfüllung begleitet werden. Er hilft ihnen, ihre Talente und Begabungen zu entdecken und sich auf eine natürliche Weise zu entfalten. Wir sollten den Kindern als erstes Werte vermitteln, damit sie sich in ihren Handlungen orientieren können, sich einsetzen können für den Erhalt des Lebens und nicht für seine Zerstörung. Geben Sie den Kindern mehr Freiheiten, umarmen Sie sie in Liebe. Lehren Sie ihnen, dass die Liebe die wesentliche Kraft des Universums ist, das Lied der Seele, der Freund der Seele.

Spirituelle Entfaltung ist der Weg zum Licht und zur Quelle des Lebens

Alle, die den spirituellen Weg einschlagen, können merken, dass das erste, was sie erfahren möchten, die Erlösung ist, in Euphorie und Begeisterung für den neuen Lebensweg, über den ersten Kontakt mit diesen neuen Energien. In der Anfangsphase kommen manche Menschen für eine gewisse Zeit nicht weiter, sind aber überzeugt davon und erzählen dann ganz offen von ihrem spirituellen Sachverstand und von mentalen Bildern. Diese Menschen beeinflussen ein stückweit die spirituelle Kultur, sie sind allerdings Theoretiker ohne Praxis. Oftmals fühlen sie sich auch dazu berufen, mit anderen zu arbeiten und benutzen dabei allerlei Requisiten, die Eindruck schinden sollen. Außerdem verwenden sie die Terminologie aus speziellen Büchern. Ich hörte von meinen Klienten, dass solche Leute ihren Kunden genau das erzählen, was sie hören wollen. Zum Beispiel erzählen sie fast jedem, dass die Person, von der sie begeistert sind, ihre Dual-Seele ist. In der Tat führen sie die Leute in die Irre, weg von der Wahrheit und der offenen Arbeit an ihnen selbst.

Der Markt der Esoterik bietet eine Vielzahl unterschiedlicher Kurse und Seminare an. Oft beinhalten sie auch nur den praktischen Teil der esoterischen Lehren ohne die Philosophie und vermitteln Werte, die aus dem Kontext der mystischen Vorstellungen herausgelöst wurden.

Ich möchte ausdrücklich davor warnen, sich der schwarzen Magie zu verschreiben und magische Praktiken auszuüben. Magie ist kein Kinderspiel. Diese Dinge sind der Weg des Ego und die Konsequenzen werden das Ego beeinflussen. Die grausame Manipulation kosmischer Kräfte durch unterschiedliche Techniken, ohne zuvor sich selbst zu reinigen, führt die Menschen in die Irre und entfernt sie von der Wahrheit. Es ist so, als wenn man hohe Spannungen mit bloßen Händen berühren würde. Der einzige Beweggrund, der die eigene spirituelle Entwicklung vorantreibt, ist der Wunsch nach Wahrheit und Reinheit, nicht das Streben danach, die okkulten Kräfte zu handhaben, und auch nicht das Bedürfnis, anziehender und attraktiver zu werden.

Mittelalterliches mystisches Wissen und ihre Praktiken sind nur für Menschen erreichbar, die ein reines Herz und einen guten Charakter haben. Ihre spirituelle Arbeit vollzieht sich leise und im Hintergrund. Sie helfen, wenn sie dazu aufgefordert werden und benötigen kein Publikum und keine Bühne, um ihre ungewöhnlichen Fähigkeiten und Energien zu beweisen. Die Kräfte des Lichts wirken durch sie, wann auch immer diese Unterstützung für die Mitmenschen erforderlich ist.

Menschen mit einem schlechten Charakter, die die mystischen Methoden aus Neugierde oder anderen falschen Motiven durchführen, verfallen dagegen der zunehmenden Macht des Egos, was schließlich zu einer geistigen Verwirrung führen kann. Ich habe oft Menschen persönlich geholfen, das verlorene Gleichgewicht, das Selbstvertrauen, das höchste Ideal des Lebens wieder zu finden, was nichts anderes ist als Gott, das Licht, das Gute und die Liebe. An erster Stelle steht dabei das Streben nach reiner Menschlichkeit, zu lernen, für sich selbst und andere zu sorgen. Man sollte versuchen, wirklich menschlich zu sein und zu handeln. Verzichten Sie auf Gewalttätigkeiten, hören Sie auf, für Ihre Gefühle andere verantwortlich zu machen. Es ist notwendig, sich selbst gegenüber ehrlich zu sein und die eigenen Gefühle zu erforschen. Der erste Schritt zur Spiritualität besteht darin, Verantwortung für sein eigenes Dasein zu übernehmen. Das eigene Leben ist wertvoll. Wer sich entscheidet, mit sich selbst gegenüber ehrlich und offen zu sein, wird den oftmals beunruhigenden Reinigungsprozess erleben, eine Zeit der Selbst-Reflexion und intensiven Gefühle, in der alte Verletzungen ausgewaschen werden und Reinheit eintritt. Menschen haben oftmals die Vorstellung von einem plötzlichen Erwachen und spüren ihre Freiheit nicht. Sie fühlen sich unglücklich und fragen sich, warum sie gerade hier, mit diesen Menschen um sich herum leben und was der Sinn ihres Lebens ist. Sehr sensible Menschen fangen dann an, die negativen und positiven Energien in ihrer Umgebung zu spüren. Beginnen Sie mit der Suche nach dem Licht, die geleitet wird durch den Wunsch nach wirklicher Liebe. Innere Reinigung bedeutet die Befreiung des Lebens von dem, was man nicht will, und die Erkenntnis der inneren Beweggründe. Man kann dadurch auch die Motive der Handlungen von Mitmenschen begreifen, ihnen vergeben und Zusammenhänge erkennen. Dies ist der Weg der Selbstbefreiung, indem der eigene innere Schmerz und traumatische Erlebnisse berührt werden und dadurch geheilt. Auf einmal beginnt man, wieder freier zu atmen, mehr Freude am Leben zu haben und alles aus einem anderen Blickwinkel zu betrachten, aus der Sicht der höheren Weisheit. Man ist nicht länger ein Spielball der anderen, der Geist bekommt Kraft. Der Mensch hat sich dann befreit und kann diese Freiheit an andere weitergeben. Dies ist der erste Schritt auf dem Weg zur reinen Menschlichkeit.

Unsere innere Welt ist so wichtig wie die äußere. Der Mensch erschafft seine Realität von innen heraus, nicht umgekehrt. Nichts ist dem Zufall überlassen. Alles, was die Menschen auf Erden erschufen, war zuerst in ihrem Kopf. Wir tragen die Erfüllung des Lebens in uns, den grenzenlosen Ursprung der Energien und des Lichts. Die Angst ist das Gefühl mit der größten zerstörerischen Kraft, das den Menschen bis zum Zeitpunkt der Erleuchtung begleiten kann. Sie ist die bedeutendste negative Emotion, der negativste Gegenspieler in der polaren Welt, welcher die Basis aller anderen negativen Gefühle wie Aggressivität, Neid, Eifersucht usw. bildet. Polarität, das bedeutet: Liebe – Angst, Licht – Dunkelheit, das Gute – das Böse und Yin – Yang (zwei Begriffe aus der chinesischen Philosophie, die insbesondere im Daoismus von großer Bedeutung sind; Yin und Yang stehen für alle polaren Gegensätze in der Welt, zum Beispiel für das Weibliche und Männliche), wobei die Dunkelheit nur der Schatten des Lichts ist, um beide Pole unterscheiden zu können. Die Menschen leben in einer polaren Welt, die es den Seelen ermöglicht, sich zu entwickeln, ihre eigene Identität und Selbst-Bewusstsein zu finden, zu lernen, wie man seine schöpferischen Kräfte in seinem Leben in Übereinstimmung mit Gottes Plan einsetzt.

Eines Tages werden wir alle zum Licht Gottes heimkehren, um mit ihm gemeinsam schöpferisch tätig zu sein. Der Schöpfer gab uns Unsterblichkeit und Erfüllung im Moment der Schöpfung. Ebenso gab er uns den freien Willen und es liegt an uns selbst, wofür wir uns entscheiden. Angst oder Liebe? Licht oder Dunkelheit? Alltäglich ist in vielen Situationen eine neue Möglichkeit versteckt.

Vor einiger Zeit haben Wissenschaftler unbeabsichtigt nachgewiesen, dass die Seele, das Schicksal und die Reinkarnation wirklich existieren. Der Mensch ist ein Energie-Informationssystem, ein elektromagnetisches Feld, und wie wir von der Physik wissen, geht Energie nie verloren, sondern verändert nur ihre Form. Welche es auch immer sein mögen, Energien tragen Informationen in sich. Jeder beliebige Teil der Materie trägt die Information des Ganzen in sich, das Universum ist in seinem Wesen holographisch, es speichert in jedem seiner Teile ein Bild von sich als Ganzes. Die Seelen erinnern sich an dieses Speicherbild. Es konnte nachgewiesen werden, dass viele Menschen sich spontan an frühere Leben erinnern können. Das Universum ist in Ewigkeit ein fantastisches Spiel der Energien und die Menschen sind ein Teil davon. Warten Sie nicht auf eine Veränderung der äußeren Welt. Ändern Sie Ihre Haltung ihr gegenüber, Ihre Gedanken und Ihre Gefühle, um das Feld der unbegrenzten Möglichkeiten eines besseren und glücklicheren Lebens zu erkennen. Weil der Geist über der Materie steht, kann sich die Welt so verändern. Ihre persönliche Welt wird sich als erstes verändern und dann die ganze Welt. Plötzlich werden alle Menschen bemerken, dass sie in einer besseren Welt mit zufriedenen Mitmenschen in einer harmonischen Umwelt leben. Das Leben auf Erden bietet uns die Möglichkeit, den Geist und seine Kraft zu entdecken, uns selbst zu erkennen, uns innerlich im eigenen Wesen zu begreifen. Die Welt ist genauso wie der Charakter und die Herzen der Menschen sind. Und, sie wird so großartig sein wie unsere Fähigkeit, unsere Wünsche in sie hineinzutragen und ihr bedingungslose Liebe zu schenken. Ein einziger Lichtstrahl, ein mitfühlender Gedanke kann eine ganze Wolke von Negativität beiseite schieben.

Das höchste Ideal kann dabei viele Namen tragen: Gott, der Schöpfer, das Licht, das Gute, die Liebe, die Leere, die Seligkeit; das sind alles Erscheinungsformen der Energie des Höchsten. Die Menschen können sich durch Symbole mit ihm verbinden. Seine Kraft wird uns führen und beschützen. Das ist der tiefere Sinn jeder Religion. Die Geschichte des Menschen ist die Suche nach Gott, durch verschiedene Religionen wie auch durch die bloße Materie hindurch. Alles, was erschaffen wurde, ist durch die Kraft des Schöpfers entstanden. Das Universum ist die Fülle und das Feld der unbegrenzten Möglichkeiten. All das zeigt sich in Energien, und es ist hilfreich zu wissen, wie man mit ihnen arbeiten kann, insbesondere mit der eigenen Lebensenergie. Jeder arbeitet mit ihr, bewusst oder unbewusst. Wer mit den Energien des Schöpfers arbeiten will, muss versuchen, näher an seine Klarheit und Reinheit heranzukommen. Immer und immer wieder missbrauchen Menschen die Energien der Erde, welche auch „seine" Manifestationen sind und verlängern so die Kette des Todes – Klonen, genetische Manipulation, künstliche Befruchtung, künstliche Viehzucht – und so weiter. So verlieren sie ihre eigene Lebensenergie. Die Kraft des Schöpfers unterstützt das Leben und sie wird niemals menschliche Tätigkeiten erfüllen, die Leiden, Gefangenschaft, Schmerzen und Selbst-Zerstörung hervorrufen. Er segnet mit seiner Energie nur das, was das Leben und die Freiheit des Geistes unterstützt.

Lassen Sie uns einen Blick auf die so genannten „Wissenschaftler" und Propagandisten der menschen-gemachten, künstlichen Welt werfen, was das für Menschen sind, wie gesund sie sind. Die Welt kann nicht durch den Verstand, nur mit dem Herzen verstanden werden. Wenn man das versucht, wird man sich besser in ihr zurecht finden und intuitiv erfassen, was in ihr welchem Prinzip der Polarität dient. Dann wird der Verstand ein Diener und Werkzeug des Geistes und der Weg zur Weiterentwicklung des Bewusstseins. Menschen können sich spirituell nur durch Selbst-Erkenntnis entwickeln, indem sie ihre Gedanken, Gefühle und Lebenseinstellungen beobachten und sich auf ihr spirituelles Herz konzentrieren. Jede Meditation, jedes Beten oder Nachdenken sollte man mit einer Besinnung des Herzens beginnen, mit einer demütigen Verehrung und die Kräfte des Universums anrufen, während man sich der höchsten Kraft, Gott, zuwendet. Sonst wären all diese Techniken weniger effektiv und man würde sich der schwarzen Magie verschreiben; denn die spirituelle Entfaltung wird vom Herzen und nicht vom Verstand geleitet. Mehr noch, jede Erkenntnis hat keine Bedeutung, so lange man sie nicht in sein eigenes Leben übertragen und anwenden kann. Im täglichen Leben wird die Spiritualität geprüft, und es zeigt sich darin, ob man sich ihr gegenüber wirklich öffnet.

Alle spirituellen Wege führen die Menschen zu spirituellem Wachstum, was man in drei Schritten beschreiben kann:

1. Erwachen – Stärkung des schwachen Verstandes durch die Verbindung mit der Lichtenergie und der Erkenntnis, dass wir in Gott sind und Gott in uns.
2. Die Erkenntnis des Geistes in uns – die innere Quelle der Liebe, Weisheit und Kraft entdecken, den eigenen Stand erkennen – der Geist erfährt sich selbst.
3. Rückkehr zum Körper und die Materie des Lebens wird durch den Geist erleuchtet werden. Bewusstwerden der Heiligkeit des Körpers - Entdeckung der Wahrheit, dass der Körper in der Seele ist, nicht die Seele im Körper und dass die Sinne die Verbindung des Geistes mit der materiellen Welt sind. So manifestiert sich die Seele im Körper und man lebt in Harmonie mit der Seele, dem Geist und dem Körper. Gottes Absicht – das Göttliche in der Materie – hält der Mensch in Ehren.

Die andere Erklärung der spirituellen Entwicklung geht davon aus, dass der Weg zum Licht, zur Erleuchtung, durch zwölf Schritte, durch zwölf Eigenschaften spiritueller Erweiterung erreicht werden kann:

1. Annahme der Realität und uns selbst, Verständnis. Man darf sich nicht mehr über das Schicksal ärgern, mit ihm hadern. Das ist der erste Schritt.
2. Der Wunsch, sich zu bessern – das Streben nach der Wahrheit und Reinheit, die Hoffnung, den Sinn des Lebens zu verstehen.
3. Bescheidenheit, Liebe, Fleiß, Freunde, Familie, Beziehungen.
4. Keine Urteile, keine Verurteilung – Ehrfurcht vor dem freien Willen als Grundsatz.
5. Vergebung für alles.
6. Konzentration auf die eigene spirituelle Entwicklung und Lösung aller Probleme im Leben, vor allem in Hinblick auf Beziehungen und dem materiellen Lebensweg.
7. Auswahl des am besten geeigneten spirituellen Weges. Die Arbeit mit Energien, Meditationen – Konzentration auf die Mitte des Seins, auf das Herz, das Zentrum des höheren Selbst, die Seele. Entschlackung, richtige Ernährung, körperliche Betätigung, die alltäglich bewusste Verwirklichung der spirituellen Kernaussagen, weil sich nur im praktischen Leben die Spiritualität bewähren kann. Einblick in das Innere und die Substanz der Dinge und Ereignisse erhalten.
8. Entwicklung der zusätzlichen sinnlichen und heilenden Fähigkeiten, Kommunikation mit höheren Welten.
9. Erneut Bescheidenheit, Ausschaltung des Egos, Harmonisierung.
10. Alle Lebewesen lieben, auch Gott, und anderen helfen.
11. Nehmen Sie Ihr Leben selbst in die Hand, finden Sie Ihre Aufgabe auf Erden, der Dienst für andere besteht in Kreativität und Freude.
12. Glück, erleuchtetes Leben auf Erden.

Visualisierung als spirituelles Hilfsmittel

Fantasie und Kreativität sind natürliche Eigenschaften eines Kindes. Jedes Kind glaubt, dass es werden kann, was auch immer es will, und stellt sich das auch vor. Die Geschichte hat viele geniale Persönlichkeiten mit großer Fantasie hervorgebracht, die die Menschheit in ihrer Entwicklung vorangebracht haben. Wurde die Realität positiv erschaffen oder wurde sie möglicherweise erst positiv gestaltet?

Unsere Wirklichkeit ist aus allen Gedanken, aus jeder Phantasie und aus allen Gefühlen entstanden. Dazu gehören auch die negativen. Unser Lebensweg spiegelt unsere Gedanken und Gefühle wider. Wenn wir die Gesetze des Universums kennen, auf unsere Herzen hören und unseren Geist kreativ betätigen, können wir glücklich und zufrieden leben.

Lassen Sie uns nochmals auf die Kindheit zurückkommen. Schauen Sie hinein in die Welt der Tagträume, um sich vorzustellen, was Sie wirklich wollen und was Sie sich erhoffen. Dann halten Sie das Bild des Glücks einen Moment fest, als wäre es Wirklichkeit.

Um positive Veränderungen im eigenen Leben zu erwarten, muss man zuerst die Prinzipien des Universums verstehen und die kosmischen Gesetze respektieren. Visualisierung und Imagination von Bildern gehören zur wesentlichen Sprache der spirituellen Welt. Der Kompass, der uns führt, ist unser Herz und unsere Sehnsucht nach Spiritualität und Harmonie. (Vgl. S. 22: *Schritt 5 – Streben*)

Was ist die Emotion? E-motion (von lateinisch: ex „heraus" und motio „Bewegung, Erregung") oder die Energie–Motion, ist die Energie der Bewegung oder die Bewegung durch Energie. Visualisierung und Emotion sind die treibenden Kräfte beim Formen der Realität. Spirituelle Lehren besagen unter anderem auch, dass man seinen Gewohnheiten und Emotionen entsagen sollte. Ja, das stimmt, aber nur den negativen. Freude und Liebe erinnern die Menschen immer daran, dass sie fundamentale Energien sind. Die heiligen und spirituellen Menschen wissen das und deswegen lachen sie gerne, auch ohne Grund, einfach aus Freude am Dasein.

Wenn der Lehrer oder Heiler immer nur ernst wäre, würde er möglicherweise bald an Depressionen leiden oder respektlos sprechen und sich auch so verhalten. Es würde mit ihm bergab gehen und er würde nie mehr spirituelle Höhen erreichen. Humor ist nicht umsonst das Salz des Lebens und das Zeichen eines reinen Herzens.

Die Sprache der Bilder ist die Sprache des gesamten Universums; wir alle kennen sie aus unseren Träumen. Der Verstand ist das Hilfsmittel unseres Seins, aber genauso auch der Ort des Egos. Das menschliche Gehirn ist wie ein Supercomputer: was man eingibt, wird ausgeführt. Wenn der Mensch seine Ideen mit Emotionen verstärkt, kann er alles in Bewegung setzen. Wie viele von uns haben schon einmal die Angst erlebt? Viele haben ständig Angst vor etwas und können es sich in Farben ausmalen, bis es dann letztendlich wirklich passiert. Nicht alles, was wir erleben, ist durch Karma begründet, oder wie man sagt, „Schicksal". Unser Los setzt sich zusammen aus unseren Entscheidungen, unserem Denken, unseren Gefühlen und Einbildungen.

Der spirituelle Aufstieg ist das größte Geschenk, das der Mensch sich selbst machen kann. Durch Meditation, durch Nachdenken und ruhige Besinnung auf das Herz kann man entdecken, dass die menschliche Existenz multidimensional ist. Wir sind nicht nur der materielle Körper, die Gedanken, die Gefühle, da ist immer jemand, der all dies wahrnimmt. Wer ist das? Es ist unser unsterblicher Geist. Der Verstand ist nur ein Werkzeug und er sollte das Werkzeug des Geistes und nicht des Egos sein. Das Ego soll den Menschen nur helfen, sich selbst zu erkennen, dann wird es sich in das Licht des Geistes auflösen und letztendlich werden wir rein geistig: Der Geist leitet den Verstand, der Verstand das Gehirn und das Gehirn den Körper.

Kunst und geistige Transformation des Menschen am Ende der Zeiten

D ie Kunst ist der Weg zur Harmonie. Kunst begleitet den Menschen seit seinen ersten Fuß-stapfen auf dieser Erde. Es ist ein schöner und angenehmer spiritueller Pfad. Kunst ist der Atem des Himmels, sie konfrontiert uns immer mit dem Teil von uns selbst, der uns weiterbringen kann. Jeder besitzt einen künstlerischen Geist in sich. Es spielt keine Rolle, ob jemand ein Künstler wird oder nicht, sondern in welchem Umfang er in seinem Leben künstlerisch arbeitet und Kunst ausübt. Jeder Mensch hat in seinem Wesen schöpferische Fä-higkeiten. Kunst ist die Verwirkli-chung der Kreativität, verbunden mit der Notwendigkeit der Selbst-darstellung, dem Ausdrücken von menschlichen Gefühlen. Die Kunst erhebt den Menschen und hilft gleichzeitig dabei, den Weg zu sich selbst zu finden, zum Selbst-Verständnis, eine natürliche Form der Therapie. Die Art und Weise, wie wir malen, welche Farben und Formen wir auswählen, kann eine Menge über uns aussagen.

Durch die Auswahl der Motive, dem Spiel der Farben und Formen, während man heilende Musik hört, ist es möglich, das Energiesystem des Menschen zu harmonisieren. Negative Emotionen, innerliche Blockaden des bio-energetischen Systems können so auf angenehme, sanfte Art und Weise aufgelöst werden und man kann sich für Liebe öffnen. Kreativität und neue Möglichkeiten entwickeln sich auf dem Weg zur vollen Selbst-Erkenntnis und zu einem glücklichen, erfüllten Leben auf Erden.

Welchen Stellenwert hat die Kunst in dieser Welt? Sie kann dazu beitragen, die Menschen emotional voranzubringen und ihr Herz zu öffnen. Viele Menschen leben nach wie vor nur aus der Sicht des Verstandes. Die Kunst ermöglicht die Entdeckung und Entwicklung der inneren Welt der Gefühle. Sie hilft den Menschen, die vierte Ebene des Seins zu öffnen, mit dem Dasein zur spirituellen Wende zu gelangen und eine höhere Dimension zu erreichen. Wenn auf Erden wieder Wohlstand und Überfluss aller Ressourcen herrschen werden, wird die Kunst das Zentrum der Aufmerksamkeit werden. Es wird die Zeit kommen, in der Schönheit und Harmonie schöpferisch hervorgebracht werden. Die Töne, die Farben und das Licht sind Schwingungen derselben Quelle, die Schwingungen der Schöpfung.

Unsere Welt ist multidimensional und farbenfroh, angefüllt mit Geräuschen und Düften. Künstler sind Menschen, die den Mut haben, in die Gefühlswelt einzudringen, Tiefen zu finden, die Höhen zu erklimmen und die Erfahrung des Fallens zu machen, um schließlich alles auszugleichen. Die Esoterik leitet den Menschen manchmal in die Irre, nur die schönen Dinge auszuwählen, nur an der Oberfläche zu bleiben. Niemand, der nicht schon einmal den Abgrund seiner Seele berührt und der nicht die schattigen Stellen beleuchtet hat, kann spirituell oder als Künstler tätig sein. Die Künstler stehen in Hinblick auf die sozialen Veränderungen immer in der ersten Reihe. Dank ihres Feingefühls und ihres erweiterten Bewusstseins bemerken sie diese als erste.

Mehr als alles andere konfrontiert uns die Kunst mit der inneren Wahrheit. Eine künstlerische Arbeit sagt alles über den Urheber aus, seine Höhen und Tiefen, seinen emotionalen Stand, seine Probleme, die er in seinem Leben hat, seine Reaktionen auf Erfahrungen, die er in seiner Umwelt macht. Außer der Intention des Künstlers und seiner Idee enthält das Kunstwerk auch seine Schwingungen, die er während des schöpferischen Prozesses empfunden hat und die seine Arbeit ausstrahlt. Das Kunstwerk bekommt so seine eigene Lebendigkeit, beginnt zu leben und zu schwingen.

Es ist wichtig, darüber nachzudenken, was und welche Schwingungen es der Welt vermitteln will. Denken Sie beispielsweise an die Gemälde, die nach einem emotionalen Trauma entstanden sind, unter Depressionen, und die dies für uns ausstrahlen. Die Gemälde, die in Freude an der Schöpfung kreiert wurden, können im Gegenzug dabei helfen, Menschen in schwierigen Lebenslagen umzustimmen. Wenn man ein Kunstwerk kaufen will, sollte man diese Punkte berücksichtigen. Es ist dabei ein Unterschied, ob man in eine Kunstsammlung investieren oder das Kunstobjekt im Wohnzimmer platzieren möchte. Die Lebenswelt sollte den Menschen Kraft und Energie geben, das Zuhause sollte ein Ort sein, an dem man sich frei fühlen kann ohne die Gefahr, dass ungewollte Schwingungen einen beeinträchtigen. Aus meiner Praxis erinnere ich mich an den Fall eines Paares, das für lange Zeit ein schlechtes Verhältnis zueinander hatte. Nur durch die Entfernung der zwar künstlerisch wertvollen, aber schwingungsmäßig ungünstigen Gemälde konnte die Situation verbessert werden.

Ich spreche oft mit befreundeten Künstlern, die ich sehr verehre und für deren Freundschaft und künstlerischen Leitung ich dankbar bin, über ein besonderes Phänomen. Warum bevorzugen „gewöhnliche" Leute die naive Malerei der Landschaften und Blumen, oftmals künstlerisch wertlose Arbeiten von Amateuren? Sie geben der naiven Malerei den Vorzug, weil sie die Freude der Gefühle des Künstlers, seinen Spaß und seine gute Stimmung ausstrahlen. Das ist es, was jeden anzieht, was jeder von uns in seiner Nähe haben möchte. Die Freude und Schönheit gibt den Menschen Lebensenergie. In den Momenten der größten Freude und Liebe erfahren wir Gottes Geist. Ich weiß, dass viele Künstler heutzutage wieder die Bedeutung der Gefühle für die Kunst realisieren und versuchen, für die Menschen das Beste künstlerisch zu gestalten, was sie aus sich herausholen können. Solche Arbeiten sind sowohl in künstlerischer Hinsicht als auch in ihren Schwingungen wunderschön. Ich möchte nur einige der großen Maler erwähnen: Tizian (um 1477 oder 1490 – 1576), Michelangelo (1475 – 1564), Leonardo da Vinci (1452 – 1519), Raffael (1483 – 1520), Jan Vermeer van Delft (1632 – 1675), Pierre Auguste Renoir (1841 – 1919), Claude Oscar Monet (1840 – 1926) …

Die zarte Schönheit ihrer Arbeiten, geprägt von Liebe, voller Bewunderung für das Leben, die Natur und das Licht, zusammen mit der Meisterhaftigkeit ihrer Ausdrucksweise, fesselt die Leute bis heute und scheint ihnen der Gipfel der Kunst zu sein. Claude Monet war auch als Gärtner bekannt. Er liebte es, seinen Garten selbst zu bepflanzen und malte ihn in seinen letzten Lebensjahren. Alle Maler hatten eins gemeinsam: Sie schätzten die Menschen und schenkten ihrer Malerei während ihres ganzen Lebens eine hohe Beachtung. Sie waren in der Lage, ohne negative Gefühle Kunstwerke zu erschaffen, und ihre Gemälde sind voller Lebensfreude und Liebe zum Leben, voller Achtung für die Schönheit und Tiefe des Lebens.

„Ich glaube, dass es die Aufgabe der Kunst ist, etwas Erfreuliches, Freudiges und Schönes – ja, Schönes zu sein! Im Leben gibt es einfach schon zu viele unschöne Dinge als dass man noch mehr Hässlichkeit produzieren müsste."

Pierre Auguste Renoir – auch als der Künstler des Lebensglücks bezeichnet

Die Kunst beeinflusst uns ein Leben lang, sie ist überall um uns herum, auch wenn wir das nicht bemerken. Es gibt viele unterschiedliche Kunstwerke, Gemälde, Skulpturen und Musik. Eine gute künstlerische Arbeit entspringt einer Welle von Gefühlen, spiegelt aber auch die innere Gefühlswelt und die Lebenshaltung des Künstlers wider.

Die Kunst beinhaltet und beinhaltete immer schon zwei Gesichtspunkte. Der erste bezieht sich auf die Möglichkeit, Emotionen sowohl in Bezug auf die Umwelt als auch auf sich selbst auszudrücken, das ist Kunst-Therapie. Der zweite betrifft den Wunsch nach Schönheit und Harmonie, das Streben danach, die Liebe auf der Welt zu vermehren, was die Schwingungen der Erde erhöht und einen heilenden Effekt hat.

In ähnlicher Weise hat die Schöpfungskraft im Kern zwei grundlegende Aspekte. Einmal handelt es sich um die konstruierende Kreativität, die mit der Kraft des Geistes arbeitet, und das Leben unterstützt, wenn sich die PSI-Energie mit höheren Emotionen verbindet. Zum anderen die zerstörende Schöpfungskraft, die mit der Energie der Erde arbeitet, wenn die PSI-Energie durch das Ego gesteuert wird und die Lebensenergie des Verfassers leer ist. Der schöpferische Prozess ist immer die Verbindung von sieben wichtigen Schritten: die Eingebung (sich an die Weisheit und Musen, den Schöpfer wenden, wenn man das Feld der unbegrenzten Möglichkeiten berührt), die Intuition (wenn man aus der reinen Energie auswählt, was gut für einen selbst auf der Ebene der Seele ist; fühlen, was man will und das auch wissen), die Formung der Vorstellungen und der Einbildungskraft, Gefühle (die Antriebskraft, die alles in Bewegung setzt) und der schöpferische Prozess (der Akt, mit dem wir Ideen verwirklichen).

Wir leben in einer polaren Welt und deswegen besteht auch die Kunst aus polaren Mustern. Die Polarität ermöglicht es den Menschen, geistig und gefühlsmäßig zu reifen, sich selbst kennen zu lernen und sich zum spirituellen Menschen in einer materiellen Welt weiterzuentwickeln. Es liegt an uns, den Künstlern und Betrachtern, für welche Richtung wir uns entscheiden und was wir den anderen vermitteln wollen.

Es herrscht die weit verbreitete Überzeugung, dass Künstler aktiv (tätig) kreieren und der

Zuschauer bloß passiv (teilnahmslos) empfängt. In unserem Universum existiert kein passiver Mensch. Wir sind ein Energie-Informationssystem und unser ganzes Umfeld beeinflusst uns in jedem Moment. Die Kunst bietet uns in der heutigen Zeit auf Erden, in der jetzigen Umwandlung der Menschheit, einen sanften spirituellen Weg an. Die Menschen müssen diesen Weg auf sich wirken lassen, darauf aufmerksam werden, sich mit ihm identifizieren, ihn in ihren Herzen ausprobieren. Musik, Dichtung, Gemälde, Skulpturen; deren Schwingungen erklingen nach dem Gesetz der Resonanz in jedem Menschen und können helfen, unsere Gefühle zu erkennen, in unser Herz zu sehen. Wenn man sich aktiv an diesem Prozess beteiligt, wird er noch wirkungsvoller. Man muss jetzt nicht sofort Kunstwerke produzieren, aber beispielsweise kann das Malen innerer Bilder viel über das eigene Naturell offenbaren, über ignorierte und verdrängte Gefühle, über das eigene Wesen. Beispielsweise auch über alles, was man schon akzeptiert hat und was noch nicht, worüber man sich sorgt und woran man sich erfreut. Die Sprache der Bilder ist die Sprache unserer Seele, ebenso die Sprache des Universums.

In den Kursen der meditativen Malerei – die Spirale der Lebenszeit, welche ich jahrelang betreut habe, traf ich oft Menschen, die sagten: „Ich komme nur, um es auszuprobieren. Mir geht es wirklich gut. Ich bin mit meinem Leben zufrieden, ich habe gute Beziehungen und vor langer Zeit habe ich alles verziehen." Wenn allerdings die Stunde der Wahrheit kam, Musik und Farben an der Reihe waren, waren sie über ihre versteckten Gefühle erstaunt und weinten. Sie haben erneut die tief verborgenen Traumata erfahren, verstanden ihre Bedeutung und heilten sie so für immer. Sie malten ihr Leben etliche Male, bis sie durch die Bilder Glück, Weisheit und Frieden spürten. Durch die inneren Bilder verstanden sie etwas, was sie in ihrem Leben immer blockiert hat. Es kam auch oft vor, dass sich daran erinnerten, was sie schon immer einmal im Leben tun wollten, wonach sie sich sehnten und es erfüllte sie mit Glück. Kunst kann, wenn man ehrlich zu sich selbst ist, so heilend und inspirierend sein wir tiefe Meditation. Sie hilft den Menschen dabei, sich zu erinnern, wer sie tatsächlich sind und was sie mit ihrem Leben anfangen wollten, was der Sinn ihres Daseins auf Erden ist. Die Kunst erweitert die Kreativität und Fantasie, man kann sich ein Leben lang von ihr inspirieren lassen. Wie wenn man einen inneren Frühjahrsputz macht, fängt man an, alles auszuwaschen und an die Oberfläche zu holen. Man muss es allerdings wollen und sich selbst davon abhalten zu denken, dass alles perfekt ist, auch wenn man spürt, dass es das nicht ist. Andernfalls würde alles unterdrückt werden, bis es dann zu einer Explosion der Gefühle in einem unpassenden Moment kommt. Es ist viel besser, sich mit harmonischer Musik zu entspannen, in der Ruhe Kraft zu finden, die inneren Bilder zu malen oder sie nur zu betrachten. Oder sich selbst die Fragen zu stellen: Warum fühle ich mich so? Was steckt dahinter? Was kann ich damit anfangen? Wie will ich mich eigentlich fühlen?

Um vertrauter mit sich selbst zu werden, muss man auf seine Träume hören, die Symbole der Vorstellungen, um ein Ideal zu haben. Nur so kann man die eigene Welt ihm angleichen und den Weg dorthin finden. Folgen Sie dem, was sie wollen, und nicht dem, was sie denken, was sie brauchen. Man muss auch die dunkle und vielleicht negative Seite in sich selbst annehmen. Man darf die Realität nicht ausblenden, sondern muss sie erkennen, damit man sich von der negativen Seite befreien kann. Das ist der Anfang des Weges zum Licht. Es liegt an uns, wie schnell wir vorwärts schreiten. Die Kraft und die Schönheit der Kunst helfen den Menschen, uns an der Energie des höchsten Ideals zu erfreuen. Sie bringt uns Klarheit, ein reines Gewissen, ein wesentliches Glücksgefühl, eine stärkere Empfindung der Wahrheit in allen Situationen. Die Kunst lehrt uns, die Besonderheiten der Mitmenschen, ihre Lebenswege und Ziele, zu tolerieren. Sie hilft uns, spirituell zu wachsen, zu erleuchten, Stress zu bewältigen, die eigene Kreativität zu entdecken und sie als Prinzip des Universums zu erkennen. Sie entstammt der Stille wie das Universum selbst. Die Kunst kann mehr als Weisheit und Philosophie offenbaren. Ihre Sprache ist universell und geht über Grenzen hinaus, verbindet alle und jeden von uns. Die Kunst ist die Möglichkeit, über Gefühle und Gedanken auch ohne Worte zu sprechen.

Die Musik, die abstrakteste Kunst, erreicht den Menschen mit der größten Kraft. Sie existiert bloß in dem Moment, wenn die Künstler spielen und wir ihnen zuhören. Danach versinkt sie in der Stille. Die Kunst ist die Brücke zwischen Himmel und Erde.

„Die Farbe ist das Medium der sofortigen Berührung der Seele. Die Farbe ist die Tastatur. Das Auge ist der streichelnde Schlägel. Die Seele ist das Klavier mit vielen Saiten. Der Künstler ist die Hand, die durch das Spielen der einen oder anderen Taste die Schwingungen der Seele aktiviert."

Wassily Kandinsky (russischer Maler, Grafiker, 1866 – 1944))

„Lieber junger Freund! Ihre Kunst hat mich mehr als alle Wissenschaften überzeugt, dass Gott existiert."

Dies sagte Albert Einstein (deutscher Physiker, 1879 – 1955) zu Yehudi Menuhin (Violinist und Dirigent, 1916 – 1999), dem 13 Jahre alten Geigenvirtuosen nach einem Konzert

Das menschliche Leben ist wie die Musik, ein Lied, ein Bild. Es hat seine eigenen Höhen und Tiefen. Wenn man bewusst nach Harmonie strebt, aus der Perspektive des höheren Selbst lebt und sich auf dem Weg dorthin befindet, wird sich am Ende alles zum Ganzen entwickeln und in Balance sein. Wir können es mit der Malerei vergleichen:

Sie entwickelt ihre eigene Szenerie von unserem Leben. Sie hat ihre eigene Komposition, die Elemente, die wir in sie hinein geben, sind wichtig für uns. Sie hat ihre eigene Fülle an Farben – die Vielfältigkeit des Daseins, die unsere Lebenseinstellung beeinflusst. Das Leben sollte vielfältig, bunt und angenehm ohne einfältige Ansichten sein. Als Ganzes kann es dann harmonisch klingen oder wie eine kunst-therapeutische Reflexion wirken, indem nach und nach negative Emotionen verschwinden, die alles Gute im Leben zerstören können. Wie und unter welchem Gesichtspunkt die Menschen ihr Leben gestalten, wird sich in der Kunst auf Erden zeigen. Alles, was der Mensch für ein glückliches Leben braucht, Liebe, Kreativität und den freien Willen, wurde ihm von Beginn an mitgegeben.

Das Geheimnis der Meditation

D ie Meditation sollte der Weg zur Liebe und zum Geheimnis des Lebens sein. Liebe ist nicht ein Wort, sondern eine Empfindung. Mit dem Verstand können wir nicht lieben, sondern nur darüber sprechen. Jeder sehnt sich nach Liebe. Man kann aber diese Erfahrung nur machen, wenn man tiefere Ebenen des Lebens erreicht und der Verstand das Werkzeug des Geistes wird.

Was ist die Meditation tatsächlich? Welchen Zweck verfolgt sie? Die Meditation ist der natürlichste Zustand des Menschen. Jedes Mal, wenn man innehält, mit offenen Augen träumt oder man sich der kreativen Schöpfung widmet, wenn man den Sonnenuntergang bewundert und die eigene natürliche Empfindung als Teil davon versteht, dann meditiert man. Jeder Mensch erlebt bewusst oder unbewusst die „Alpha-Ebene" der Gehirnfrequenz während des Einschlafens oder Aufwachens, sodass er tatsächlich meditiert. Dabei nimmt man die Welt des Traumes als reale wahr. Der Verstand schläft und man kann die andere und vielleicht genauso reale Seite von sich selbst entdecken. Der Mensch ist genau wie der Kosmos ein mehrstufiges Wesen. Hinter der physikalischen Existenz der Menschen verbirgt sich nämlich die Welt des ewigen Geistes, unser Zuhause, die Residenz der Seelen.

Die Menschen befinden sich in dieser zeitlosen Sphäre in einer Periode zwischen den Leben. Dort treffen wir auf unsere Partner und Freunde, auf diejenigen, die zu unserer Seelengruppe gehören und deren Schwingungen ähnlich wie unsere eigenen sind. In der materiellen Welt bemerkt man sie als freundliche, sympathische Menschen. Es sind diejenigen, die uns in den schwierigsten Zeiten unseres Lebens am nächsten stehen. Sie bedeuten im Leben das größte Glück, sie können aber auch für die größten emotionalen Traumata verantwortlich sein. Das hilft beiden Seiten, uns und den anderen, spirituell schnell zu wachsen und den Ursprung aller Dinge und Phänomene zu erkennen. Dies kann nur mit unserem Einverständnis geschehen. Es ist die Verpflichtung, die man in der Ewigkeit eingegangen ist, auch wenn man sie im irdischen Leben nicht realisiert, denn eine Information darüber würde sinnlos sein.

Im weltlichen Leben wird die Erinnerung der Seele mit dem Schleier des Geheimnisses überzogen, verdeckt durch die Wolke des Unbewussten, um in unserem neuen Leben und unserer geistigen Entwicklung völlig präsent zu sein. Nur durch das Herz hat man Zugang zur Seele, durch die Meditation kann man ins Innere blicken. Der eigene Schmerz kann heilen, wenn man demjenigen vergibt, der uns verletzt hat; so schenkt man sich selbst und dem anderen Freiheit. Die Liebe auf der Ebene der Seelen wird wachsen. Versuchen Sie, in jeder Beziehung eine Seelenfreundschaft zu entwickeln.

Wenn man es schafft, mit dem Bewusstsein die tieferen Ebenen des Verstandes zu erobern und zu einem anderen Status des Bewusstseins zu gelangen, entdeckt man seine innere Welt und die Ewigkeit seines eigenen Seins. Man erfährt sich selbst, die Quelle der unsterblichen Kraft des Lichtes und der Liebe. Visualisierung, Einbildungskraft und die Fähigkeit, Energien, mit denen man arbeitet, Dinge, die man fürchtet oder nach denen man sich sehnt, zu symbolisieren sind die Schlüssel zum Verständnis der Schöpfung.

In der heutigen Zeit, in der sich der überwiegende Teil der Menschheit an der materiellen, dreidimensionalen Welt orientiert, leiden viele Menschen an Überlastung der linken Gehirnhälfte, was oftmals zu Schlafstörungen, Nervosität, Verlust der Lebensfreude und schließlich zu einem gesundheitlichen Zusammenbruch führt.

Die Rückkehr zu sich selbst durch Meditation oder kreative künstlerische Aktivitäten hat einen gewaltig heilenden Effekt. Da sich die Menschheit im Laufe der letzten Jahre vom harmonischen Rhythmus der Natur zu weit entfernt hat, muss die Rückkehr zum Heil und sinnerfüllten Leben beständig erfolgen. Jeden Tag muss der Wunsch nach Selbst-Vervollkommnung, die Sehnsucht nach Liebe und Licht im Menschen herrschen. Die heilende Kraft der Meditation basiert auf einer Befreiung vom körperlichen und psychischen Stress im menschlichen Organismus. Sie stellt den Fluss der Energien im Menschen wieder her. Sie hat eine bemerkenswerte Bedeutung für den Sinn des menschlichen Daseins. Der Weg zur spirituellen Welt, zur Wahrheit der Entstehung vom Kosmos führt nur durch das eigene Innere, durch das Tor des Herzens. Die Meditation führt den Menschen dorthin. Sie ermöglicht es ihm, die eigenen Schmerzen und Traumata zu erkunden, sodass er sich von all den negativen Empfindungen befreien kann, die ihn daran hindern, glücklich zu sein. Die Meditation ist der einzige Weg, die Illusion der Unabhängigkeit des eigenen Daseins zu zerstören und dadurch glücklich zu werden.

Bevor wir mit dem Abenteuer der Selbstfindung beginnen, ist es allerdings sehr wichtig herauszufinden, warum wir unsere spirituelle Entwicklung beschleunigen wollen, was unsere Motive sind. Auf diesem Weg werden wir uns von Angesicht zu Angesicht der Wahrheit unseres Lebens stellen müssen, sodass das einzige Motiv, das von der Ewigkeit akzeptiert werden kann, der Wunsch nach Wahrheit und Ehrlichkeit ist. Wenn wir uns durch das Streben nach der Wahrheit, des Lichts und der Liebe führen lassen, werden die Gaben des Geistes und unsere übersinnlichen Kräfte natürlicherweise wachsen.

Eine gute Meditation besteht aus drei grundlegenden Schritten: die Trennung von allen Energien in der Aura, die von jemand anderen stammen – das Abstoßen der eigenen negativen Energie – die Berührung der Energiequelle. Nachdem der Körper in den Zustand angenehmer Entspannung gebracht worden ist, beginnt die Phase der Ausschaltung des Verstandes durch das Fokussieren eines Fixpunktes oder durch die Beobachtung der Gedanken ohne Assoziation. Die Gedanken und die Gefühle kommen und gehen wie die Wellen auf dem Meer. Man fühlt die Stille und den Frieden. Plötzlich steht man vor der Frage: Wer ist das Wesen, das all dies beobachtet? Dann realisiert man, dass man weder ein physikalischer Körper ist, noch aus den eigenen Gedanken und Gefühlen besteht. Diese Entdeckung bringt uns zur Wahrheit über uns selbst. Wenn man in die Helligkeit der eigenen Seele eintaucht, durchdringt das feine Licht den ganzen Körper und erlöst uns von der Aura aller Energien, die nichts mit uns selbst zu tun haben. Wenn man sich das Licht der Liebe bewusst macht und alle vergangenen unangenehmen Erlebnisse einbezieht, erlöst man sich von negativen Energien und Blockaden. Die Energie der ewigen Quelle regt den Menschen an und man wird ein Kanal des Lichts, der Liebe, der Fürsorge, der Stärke, der Gesundheit, der Kreativität. Nichts ist mehr unmöglich, das eigene Leben gewinnt an Bedeutung. Man fließt mit dem Strom des Lebens in seinem natürlichen Rhythmus und in seiner Vielfältigkeit, in der Einheit und der Harmonie des ewigen Seins.

Meditieren in richtiger Art und Weise

Zu allererst ist es wichtig abzuschalten, zu entspannen, einen Platz zu finden, an dem uns nichts und niemand für circa fünfzehn Minuten beziehungsweise für mindestens sieben Minuten stören kann. Es sollte ein Ort sein, der das Gefühl von „Siesta" (Mittagsschlaf/Pause) hervorruft. Wenn man auf dem Stuhl am Arbeitsplatz sitzen würde, würde unser Verstand automatisch auf Arbeit schalten. Dort könnte also die Meditation schwierig werden und man könnte nicht gut entspannen. Es ist auch wichtig, die richtige Zeit dafür auszuwählen. Von Anfang an sollten der Ort und die Zeit immer die gleiche sein. Die beste Zeit wäre am Abend oder frühen Morgen, um daraus ein Ritual machen zu können. Wie auch immer das eigene meditative Ritual ist, es wird in schwierigen Situationen viel Kraft geben. Die Zeit der Meditation bringt die Entspannung, die Ruhe des Verstandes erlaubt uns, innere Schmerzen zu heilen, wir verstehen uns selbst und erkennen, was uns glücklich macht.

In der tiefen Entspannung kann man sich selbst Fragen stellen, ohne Antworten zu haben. Beachten Sie Ihre Gefühle genau, die intuitiven Erkenntnisse; erkennen Sie die Anwesenheit der Engel und deren heilende Kraft. Wir sind niemals allein. Wir lieben und werden geliebt. Stellen Sie Fragen über den Sinn des Lebens. Die Fragen, die sich der Mensch schon seit Urzeiten stellt. Wer bin ich, wo will ich hin und was soll ich auf der Erde tun, welches ist die Aufgabe meiner Seele, was ist mein höchstes Ideal? Wovor habe ich Angst, welches sind meine Sorgen, wem soll ich vergeben, was stimmt mich um, damit ich wieder glücklich werde, wonach sehnt sich mein Herz, welche Bedeutung hat das Wunder des Lebens für mich? Suchen und benennen Sie Ihr höchstes Ideal, es ist der erste Schritt des spirituellen Weges. Es sollte nichts weniger sein, als das Reinste, woran wir glauben können, nämlich: Gott, der Schöpfer, das Licht, die Güte, die Liebe, das ewige Glück…. Das Universum ist multidimensional und durch dieses Symbol setzen wir eine große Menge von Energie in Bewegung. Die Kraft der höchsten Ideale wird uns im Leben wie auf unserem Weg ins Innere beschützen, wenn sich unser Bewusstsein erweitert und wir andere Sinne oder andere Dimensionen des Kosmos berühren. Sie werden uns leiten, damit wir nicht die Richtung zum Guten, zum Licht, zur Liebe und zu Gott verlieren. Viele Menschen leiden unter Kummer, Schmerzen, Verlust eines Mitmenschen, Angst, Verlangen, Sorgen und unterschiedlichen Depressionen. Während man in die Helligkeit der eigenen Seele mit Demut versinkt, nähert man sich in der Meditation dem höchsten Ideal – der größten Güte (Tugend), Gott – das Ego nimmt ab, man erlangt Frieden, Beständigkeit, Kraft, Sicherheit, stille Freude und gute Laune. Einer hingebungsvollen Seele kann es keine Probleme und Sorgen machen, sondern Befreiung, gute Laune, innerlichen Frieden und Glück bringen, welches von Herzen kommt. Es ist die erste Belohnung, die der Suchende für seine spirituelle Leistung bekommt.

Wenn man stark ist, der Wille im Inneren erwacht ist und man genügend Ehrfurcht vor den höheren Kräften hat, werden sich die stillen, meditativen Momente auch im täglichen Leben einstellen. Die eigene kraftvolle Energie und die Fähigkeit, gute Dinge im richtigen Moment zu tun, werden sich verbessern. Man hat mehr Zeit, weil man die Vitalität effektiver nutzen und erfolgreicher werden kann. Der Verstand wird harmonisch sein und beide Gehirnhälften werden gleichmäßig arbeiten, sodass man in allen Lebensbereichen kreativer werden kann. Eines Tages wird man dann merken, dass man sich die ganze Zeit in einem harmonischen, meditativen Zustand befindet. Nichts kann uns dann noch erschüttern.

Die Meditation beginnt mit der Entspannung unseres physischen Körpers. Sie führt zur Befreiung vom Verstand. Das kann man durch Fokussierung auf eine bestimmte Sache erreichen, beispielsweise indem man seinen Atem beobachtet, sich einen schönen, entspannenden Platz in der Natur vorstellt, sich von seinen Gedanken freimacht, sie beobachtet, als würden sie wie Wellen kommen und gehen, oder schöne Musik hört. Danach erhöht man seine Schwingungen, indem man sich an das höchste Ideal (Gott, Maria und Jesus, Lichtgestalten, Engel, Heilige, spirituelle Wegführer…) wendet mit einem stillen Gelübde und dem Gefühl der ewigen Liebe und des Lichts. Gestärkt durch das Licht des Geistes und aus Sicht des „höheren Selbst" blickt man von oben auf die traumatischen Ereignisse im Leben, auf das Karma, mit dem man hadert, und man reinigt seine Aura. In diesen Momenten ist es wichtig, nicht in Gefühlen zu ertrinken, nicht in deren Strudel zu geraten, seien Sie sich sicher, dass das Licht und die Liebe bei Ihnen sind. Streben Sie nach Verständnis, Verzeihung, Befreiung und Lösen der Probleme. Im Zustand höherer Schwingungen bekommt man Informationen und Eingebungen. Erhalten Sie diesen glücklichen und zufriedenen Zustand solange, wie Sie wollen. Zum Abschluss bedanken Sie sich bei all den Mächten, die Sie angesprochen haben, und stellen sich eine glücklichere wie auch gesündere Welt sowie liebenswerte und freundliche Menschen vor. Wünschen Sie ihnen Glück, Frieden und Liebe in dieser Welt. Es ist das größte Geschenk, das wir ihnen machen können.

In den folgenden Abschnitten bieten wir Ihnen einige Möglichkeiten an, den eigenen Weg zur spirituellen Entwicklung zu finden. Probieren Sie die Meditationen in diesem Buch alleine aus oder bitten Sie einen Freund/eine Freundin darum, sie Ihnen vorzulesen. Bitten Sie ihn/sie, langsam zu lesen, mit einer freundlichen und ruhigen Stimme.

Regenbogenprinzip und Meditation für die Gesundheit

Das lebensnotwendige Licht, das diese Welt erleuchtet, bringt uns die Energien der Regenbogenfarben. Wir haben alle gelernt, dass weißes Sonnenlicht, das auf ein Glasprisma fällt, in seine Spektralfarben (Regenbogenfarben) aufgesplittert wird. Die Farben sind die Schwingungen des Lichts. In der Natur können wir auch die Schönheit des Regenbogens nach einem Regenschauer beobachten. Kinder malen oft den Regenbogen, er zieht sie natürlicherweise an und sie fühlen im Unterbewusstsein, dass er Harmonie, Freude und Glück bringt. Diese Energie wird zum Leben benötigt. Diese Welt basiert auf der Regenbogenenergie und unser energetisches System beinhaltet und braucht all diese Farben. Die Menschen selbst sind auch wie ein Spektrum – ein Regenbogen. Wenn sich ihre Aura in einem ruhigen harmonischen Zustand befindet, gelangt sie zu den sanften Spektralfarben von Rot zu Orange, Gelb, Grün, von Blau zu Violett. Die Reinheit der besonderen Farbtöne der Aura steht in Beziehung zum spirituellen Niveau der Entwicklung, unserer Schwingung und unseren Emotionen. Vereinfacht gesagt: Alle Farben von Rot, Braun, Orange und Gelb repräsentieren die irdischen Energien. Die Farben Blau, Grün, Violett, Weiß und Gold zählen zu den spirituellen Energien. Die Erde ist der Ort, an dem sich all diese Kräfte, ähnlich wie beim Menschen, wie in einem Konzert miteinander verbinden, um Harmonie zu kreieren.

Menschen sind im Wesentlichen die Schwingungen des Lichts, das Licht erfüllt sie und ohne es würden sie sterben. Sie sind geistig-materielle Wesen und brauchen dieses Farbspektrum. Manchmal bevorzugt man eine bestimmte Farbe, ein anderes Mal eine andere. Man sollte diese Gefühle respektieren, weil es die Schwingung ist, die man gerade braucht oder die man vermisst. Man sollte auch die Kleidung frei nach Farbwunsch auswählen oder die Umgebung damit gestalten. Damit tut man für sich und seine Gesundheit etwas Gutes.

Seit Jahrhunderten arbeiten alternative Heilmethoden erfolgreich mit Lichtfarben, um die Menschen und ihr Biofeld zu harmonisieren. Die Vorstellung von Regenbogenfarben in Kombination mit einer Entspannung kann den Menschen ausgleichen und ihm neue Kraft schenken. Die eigenen Gedanken und Visualisierungen beeinflussen sehr stark die unmittelbare Umgebung, deswegen kann man auch sofort Reaktionen wahrnehmen.

Die Welt und ebenfalls der Kosmos sind im Kern schwingende Energien und wir ein Teil von ihnen. Alles, was der Mensch auf der Welt erschaffen hat, entstand zuerst in Gedanken von jemandem, der glaubte, dass es möglich sei. Der Glaube ist der wichtigste Aspekt bei der Formung der Realität. Er erweckt die Wünsche und bringt Hoffnung. Sie wiederum bringt die Erwartung und alles zusammen lässt den Wunsch wahr werden. Aber seien Sie vorsichtig damit, was Sie sich wünschen, Sie machen sich ein Bild davon, Sie wünschen es sich, sodass es materialisiert werden könnte.

Meditation für die Gesundheit

Nehmen Sie bequem Platz, entspannen Sie sich und schließen Sie Ihre Augen. Entspannen Sie Ihre Muskeln, das Gesicht, die Stirn, den Nacken, die Schultern, die Hände, die Beine …, mit jedem Einatmen und Ausatmen werden Sie immer lockerer … richten Sie den Blick Ihres Verstandes und Ihres Herzens zum höchsten Ideal (dies erreichen Sie mit einem stillen Gebet oder durch die Konzentration auf das Licht) … stellen Sie sich vor, dass Sie sich auf einer Licht durchfluteten Wiese befinden, von farbenprächtigen Blumen umgeben, deren Düfte Sie riechen; dass die sanfte Sonne auf Ihre Haut scheint. Sie hören den Vögeln beim Zwitschern zu, Sie hören das Säuseln der Bäume aus dem nahe gelegenen Wald … Sie entspannen sich, ein sanfter Regen fällt vom Himmel, ein Regen aus kristallreinem und angenehm warmen Wasser, er reinigt Sie und wischt alles weg, was nicht zu Ihnen gehört … das Regenwasser verwandelt sich in einen Regen aus strahlenden Regenbogenfarben … Sie liegen im schwingenden Schein des Regenbogens und seine Energie füllt Sie auf … unter Ihnen spüren Sie den Puls der Mutter Erde, mit jedem Schlag fließt der Rhythmus von elektrischer, blauer Energie der Erde in Ihren Körper … sie erfüllt Sie, stärkt Sie, verjüngt Sie, heilt jede Zelle Ihres Körpers … wendet Ihr Herz zu Gott, zum Licht, zur Güte und zur Liebe … fühlen Sie die Liebe Gottes, das Leben, alles… von oben herab, wie ein Wasserfall, kommt ein Strom des glänzenden Lichts, weiß und golden, er füllt sie auf und stärkt Ihren Geist, reinigt Sie, führt zur Ruhe, zum Frieden und zur Liebe… Sie sind der Fluss zweier Energien… die Kraft der Erde und die Kraft des Kosmos'… Sie sind das Kind des Himmels und der Erde…

Stellen Sie sich ein perfektes Bild von Ihnen vor, so wie Sie sein wollen, so wie Sie aussehen wollen… prägen Sie sich das Bild ein und sprechen Sie zu sich selbst:

1. **Ich bin jung, liebenswert, gesund, kreativ, tolerant, freundlich, weise…**
   (alles, was Sie möchten).

2. **Ich liebe und werde geliebt, ich vergebe alles und jedem, vergib mir genauso…**
    (versuchen Sie, es wahrhaftig von Herzen zu fühlen).
3. **Ich bin selbstsicher und ich vertraue den universalen Kräften des Lichts, der Güte und Liebe, Gottes Kräften…**

laden Sie Ihr Bild durch das Licht auf… Sie werden sich ihm täglich immer mehr angleichen, Ihr Verstand empfängt Ihre Signale… danken Sie allen Kräften des Universums, die Sie angesprochen haben… beginnen Sie langsam den Raum, in dem Sie sich befinden, wahrzunehmen, Ihren physischen Körper… öffnen Sie Ihre Augen und wünschen Sie sich und anderen einen wunderbaren Tag.

Meditation für die Suche nach dem Sinn des Lebens und nach der Aufgabe der Seele auf Erden

Nehmen Sie bequem Platz, entspannen Sie sich und schließen Sie Ihre Augen. Entspannen Sie Ihre Muskeln, das Gesicht, die Stirn, die Schultern, die Hände, die Beine…, mit jedem Einatmen und Ausatmen werden Sie immer entspannter… richten Sie den Blick Ihres Verstandes und Ihres Herzens zum höchsten Ideal (dies erreichen Sie mit einem stillen Gebet oder durch die Konzentration zum Licht)… stellen Sie sich vor, dass Sie an einem angenehmen, schönen irdischen Ort sind, entspannen Sie… Ihr Organismus entspannt… alle Energien fließen frei durch Sie hindurch… Sie fühlen die Kraft der Erde, ihre bläuliche Energie füllt Sie auf… um Sie herum ist weißes Licht, Ihre Engel… Sie sind beschützt… leuchtende Strahlen des Sonnenlichts und das Licht der Regenbogenfarben laden Sie auf… stellen Sie sich gedanklich vor, Sie wären zwischen fünf und sieben Jahre alt… beobachten Sie, welche Aktivitäten Sie glücklich machten, was taten Sie am liebsten, dies ist der Schlüssel zum Verständnis, der Ihnen sagt, was Sie auf Erden machen wollten… behalten Sie Ihre Erinnerungen im Gedächtnis und spüren Sie Ihre Empfindungen… löschen Sie dieses Bild, entspannen Sie sich… stellen Sie sich folgende Frage – wonach dürstet mein Herz in der materiellen Ebene (zum Beispiel das Leben in einem schönen Haus, in einer schönen Landschaft, anderen bei Ihren Wünschen helfen etc.), auf der geistigen Ebene (zum Beispiel Sprachen lernen, Geschichte, Technologien verstehen, das Gedächtnis verbessern etc.), auf der spirituellen Ebene (zum

Beispiel mehr Mitgefühl entwickeln, mehr Liebe, mehr Toleranz, mehr Freundlichkeit, offener anderen gegenüber zu sein).... Stellen Sie sich Ihr perfektes Bild vor, die Zeichnung Ihres perfekten Lebens, wie würden Sie leben wollen, wenn Sie alles hätten, wenn Sie aussehen würden, wie Sie es sich vorstellen… füllen Sie diese Zeichnung mit Licht und senden Sie sie zum Kosmos mit dem Wunsch: Lassen wir alles geschehen, so wie es geschieht, für die höchste Güte von allem Leben (oder offenbaren wir Gottes Willen)… danken Sie allen Kräften des Universums, die Sie angesprochen haben, für alles, was Sie bereits haben… bedanken Sie sich für die Liebe und den Schutz… und lassen Sie sich vom Licht Ihres höchsten Ideals leiten… beglückwünschen Sie den Frieden, die Liebe und das Licht der Erkenntnis zu jedem fühlenden Wesen… entspannen Sie noch ein wenig und öffnen Sie langsam Ihre Augen.

Licht-Meditation

Nehmen Sie bequem Platz, entspannen Sie sich und schließen Sie Ihre Augen. Entspannen Sie Ihre Muskeln, das Gesicht, die Stirn, den Nacken, die Schultern, die Hände, die Beine…, mit jedem Einatmen und Ausatmen werden Sie immer lockerer… richten Sie den Blick Ihres Verstandes und Ihres Herzens auf Ihr höchstes Ideal… richten Sie nun Ihr Bewusstsein zum Herzen… Sie befinden sich in ihm, Sie befinden sich auf einer wunderbaren Wiese, erfüllt vom Licht, das Licht reinigt Sie… in der Mitte der Wiese befindet sich ein Tempel, diesen betreten Sie… Ihr spiritueller Wegführer heißt Sie willkommen, er führt Sie zum Altar, es ist ein gesegneter Moment… das ist der Ort, an dem Sie Ihr höheres Selbst, Gott treffen können… das Königreich des Himmels ist in Dir, wie Jesus sagte… vom ganzen Herzen legen Sie alle negativen Emotionen auf den Altar, von denen Sie sich trennen wollen (machen Sie sich bewusst, welche es sind)… erkennen Sie, was Sie in Ihrer spirituellen Entwicklung zurückhält (nehmen Sie das wahr)… alle Befürchtungen und Sorgen (wovor Sie sich ängstigen)… der Kummer und das Leid… legen Sie es in Demut und Erfurcht auf den Altar, damit Sie von Ihnen getrennt werden, wünschen Sie sich aufrichtig auf allen Ebenen, sich von Ihnen zu befreien, wenn Sie es wirklich wollen… Sie haben einen freien Willen, die Entscheidung liegt bei Ihnen… alles, was Sie während des tief empfundenen Gebets auf den Altar gelegt haben, wird in violetten

Flammen aufgehen und verschwinden… bedanken Sie sich für die Reinigung… stellen Sie die Frage: Wem soll ich vergeben… vergeben Sie ihm vor Gott wie auch er Ihnen vergeben wird…. Vom Altar erstrahlt das herrliche Licht und seine Strahlen laden Sie auf… rosenfarbig durch die Liebe… grün durch die Ruhe, den Frieden und die Harmonie… dunkelblau durch die Weisheit… hellblau durch die Geduld… gelb durch den Willen und die Lust am aktiven Leben… hellrot durch den Mut und die Freude….

Sie befinden sich wieder auf der schönen Wiese… das Licht des Kosmos fällt auf Sie herab wie ein Wasserfall… sagen Sie sich im Geiste:

Gottes Energieströme reinigen meine Augen, um alles klarer erkennen zu können, wie die Schönheit des Lebens und meinen Platz in ihm, der Glanz der Farben, die Fülle und der Reichtum auf Erden, meine und andere Talente und Weisheiten…

Gottes Energieströme reinigen meine Ohren, um mit den Sinnen die Feinheiten der reinen Klänge, die Schönheit der Musik und die musikalischen Sphären zu erfassen. Um hinter den Wörtern die Herzen der Menschen, den Rhythmus des Lebens zu hören…

Gottes Energieströme reinigen meine Hände, sodass meine Berührungen Liebe schenken können, anderen Frieden und Liebe bringen, sodass meine Hände immer bereit sind, Schönes zu erschaffen und anderen behilflich zu sein…

Gottes Energieströme reinigen meine Zunge, sodass meine Sprache klar, weise, ohne Gedanken des Egos ist, sodass sie sich anhört wie Vokalmusik.

Bedanken Sie sich… laden Sie sich durch das Licht der Liebe auf… geben Sie Ihre Liebe durch Ihre Gedanken und Ihr Herz weiter an andere, den Nächsten, an diejenigen, die leiden, an jeden, der sie braucht… wünschen Sie sich selbst und andere Gelassenheit, Friede und Liebe… Sie erschaffen ein Energienetzwerk von Licht und Liebe, das diese Erde erfüllt… stellen Sie sich die Welt vor, in der Sie leben wollen… eine Welt voll von Gesundheit, Glück, freundlichen und guten Menschen inmitten der wunderschönen Natur… erinnern Sie sich, dass Sie sich selbst Ihre Realität erschaffen. Die Welt ist so wie die Gedanken und Herzen der Menschen. Sie wird sich in dem Maße verbessern, wie wir in der Lage sind, ihr unbedingte Liebe zu schenken. Es kommt ganz darauf an, wie viel Licht Sie in ihr Leben bringen können … Sie werden endlos beschützt und geliebt… entspannen Sie sich noch eine Weile und öffnen Sie Ihre Augen.

Susanne Peymann

Pendel – Liebe, Glück, Erfolg

Buch, 21,5 x 28 cm, 48 Seiten,
farbig illustriert
+ 8 farbige Pendeltafeln
+ Messingpendel 18 g
ISBN 978-3-89875-834-5

Ingrid Kraaz von Rohr

Wege zum richtigen Pendeln

Set in einer Box:
Buch, 11,8 x 18 cm, 168 Seiten
+ 40 Pendelkarten
+ Messingpendel 14 g
ISBN 978-3-89875-834-5

*Pendeln für Einsteiger,
Skeptiker + Neugierige*

Pendeln als Lebenshilfe